戦国史記

風塵記・抄

―関ヶ原―

福地順一

鳥影社

戦国史記

風塵記・抄　目次

——関ヶ原——

戦国史記

風塵記・抄

―関ヶ原―

第一章　秀吉死す

一、五大老五奉行

慶長三年（一五九八）五月、太閤秀吉は大病の床についた。

その頃から、嫡子秀頼（六歳）への忠誠心を誓う起請文の交換が政権中枢部において頻繁に行われるようになった。

秀吉は七月十三日になって五大老五奉行制度を正式に定め、協力して嫡子秀頼を補佐し、政治を行うことを誓わせた。

五大老　徳川家康（二五〇万石、江戸城主、五六歳）
　　　　前田利家（一〇〇万石、金沢城主、六〇歳）

毛利輝元（一七〇万石、広島城主、四五歳）
上杉景勝（一二〇万石、会津若松城主、四三歳）
宇喜多秀家（五七万石、岡山城主、二六歳）

五奉行

浅野長政（六万石司法担当、若狭小浜城主、五一歳）
前田玄以（五万石宗教担当、丹後亀山城主、五九歳）
石田三成（一九万石行政担当、近江佐和山城主、三八歳）
長束正家（五万石財政担当、近江水口《みなくち》城主、年齢不詳）
増田長盛（二〇万石土木担当、大和郡山城主、五三歳）

五大老とは政権中枢にあって合議制により政策を立案し、五奉行はそれを執行し秀頼を補佐する、というのである。

五大老には当初（文禄四年頃）小早川隆景（石高不詳、備後三原城主、六五歳）が加わっていたが、慶長二年（一五九七）六月病没。そのため、上杉景勝が代わって五大老に加わった。

五大老の略歴紹介については読者諸氏には不要であろうからここでは省きたいと思うが

宇喜多秀家については十六歳という若さであるから少し説明しておきたい。

宇喜多秀家は秀吉の寵臣《ちょうしん》を受け養子になり、秀吉の養女豪姫（利家娘）を妻に迎えている人である。文禄・慶長の役に大功を立て五大老に。岡山藩主宇喜多直家二男。直家は天正九年（一五八一）二月、岡山城で急死。秀家はその後を継ぎ、岡山城主となっていた。

五奉行の浅野長政の場合は妻（やや）が秀吉夫人（ねね）の妹にあたり、秀吉一門家である。（司法担当、文禄・慶長の役には三成とともに渡舟将兵の舟奉行を勤めた。）

前田玄以はもともと比叡山僧侶。信長長子信忠に仕え、本能寺の変の時に秀忠嫡子秀信（三法師）を脱出させ、助けた。知勇の人。京都所司代、伏見城普請奉行などを勤めた人である。

石田三成は秀吉をして、「才器の我に異ならないものは、三成のみである。」と言わしめた人物。才気煥発、秀吉の意向を機敏に察知して立ちふるまい、その言動は常に秀吉の意にかなったという。文禄・慶長の役の際、一六万の渡鮮将兵のため舟奉行を勤めた。

秀吉の信任厚く、秀吉政権下の最も有能な参謀であり、行政官、権勢をほしいままにした。秀吉に「九州で百万石やろう、どうだ」と言われた際、「現状（十九万石、佐和山城）

で十分です」と遠慮した時もあったというが、中央政権中枢にあって秀吉の側近でいたかったのであろう。「これは太閤殿下の意向である」と一言添えれば三成の思惑どおりに事は進んでいったという。実質五奉行筆頭。

長束正家は丹羽長秀の元家臣。数理に強く、小田原の陣に、兵糧・武器運搬を担当、才腕を発揮した。財政の管理運営に長けた人。

増田長盛は秀吉がはじめて近江・長浜の城主となった時、三成とともに小姓から取り立てられた子飼いである。

文禄・慶長の両役に渡鮮、行政・軍務に功を立てた人。

五人はいずれもそれぞれ政権を処理する能力に秀でた逸材である。

この時期、五大老五奉行のほかに、三中老制度もあったとされる。五大老五奉行の間にあって、両者の合議制を監督し調整する機関とされていた。いわば仲裁役である。

三中老　堀尾吉晴（一二万石、浜松城主、五四歳）

生駒親正（一七万石。高松城主。五二歳）

中村一氏（一七万五千石、駿河駿府城主、年齢不詳）

二、秀吉死す

五大老五奉行三中老制度を設けても秀吉は秀頼の将来に対する不安はぬぐいきれず、慶長三年（一五九八）八月五日になって五大老あてに次のような遺言をしたためている。政権が成人後の秀頼にスムーズに移行することを願ってのことである。

しゅをしんにたのみ申　なに事も此外にはおもいのこす事なく候
返々　秀頼事　たのみ申候　五人のしゅ
たのみ申べく候　五人のものに申わたし候
なごりおしく候

「五人のしゅ（衆）」とは徳川家康以下の五大老を指し、「五人のもの」とは浅野長政以下の五奉行を指す。秀吉最晩年の心残りは正に「秀頼事なに事も此外にはおもいのこす事なく候」であった。

さらに八月八日に入って、徳川家康、前田利家両人を病室に呼び寄せて、朝鮮出陣の諸将の帰還を命じ、家康は伏見において政務をとり、利家は大坂城にあって秀頼の守り役をつとめるよう申し渡し、また、さらに秀頼成長のあかつきには秀忠の娘千姫（当時一歳）を妻にするよう約束を結んだ。

かくして慶長三年（一五九八）八月十八日丑の刻（午前二時頃）、秀吉は伏見城で息をひきとった。時に六十二歳。死因は分からない。老衰とも労咳（肺結核）とも。

つゆとおち　つゆにきえにし　わがみかな
　なにわの事も　ゆめの又ゆめ

秀吉が死期をさとり、孝蔵主《こうぞうす》（豊臣家奥向きの奏者）に事前に書きとめ預けおいたとされる辞世の歌である。

三、家康暗殺未遂事件

秀吉没しての間もなく、五大老の二実力者家康と利家との間に軋轢が生じてきた。そのことは秀吉が亡くなる前から考えられないことではなく、したがって秀吉は五大老五奉行三中老制を設けていたのである。

事の起こりは早くも翌慶長四年（一五九九）正月十日。

秀頼はこの日秀吉遺命により伏見城から大坂城に移ったが、この時、守り役の利家はじめ諸大名がつき従い家康も送っていった。

家康は大坂で屋敷をもっていなかったので片桐且元邸で二泊したのであるが、二日目の夜に屋敷の囲りが何となく騒がしい。不穏な動きを察して家康は警戒を厳重にし、夜が明けるとすぐに大坂を立ち去った。

こうして伏見の屋敷に無事たどり着いたのであるが、それから数日後、家康重臣、井伊直政から家康に重大な情報が寄せられてきた。老中、奉行が利家の屋敷で家康暗殺を計画しているというのである。

しかし、これは事実であるかどうかは疑わしい。証拠は何もないのである。全ては徳川側からの情報である。

歴史的事実でありうるかはむずかしい。

四、家康の法度違反

秀吉死去後、家康はおもしのとれたかのように動き出していた。所領は絶大で二五〇万石の大大名。秀吉生前中は律儀者と言われるほどよく秀吉に仕えていたが、間もなく政務を専横する傾向が出てきた。

それは政権に関することのみではない。私的婚姻にも諸大名と関係を結ぶようになった。

秀吉は死の三年前の文禄四年（一五九五）八月、諸大名に対し、私的な縁組や同盟の禁止などを規定した「御掟」および「御掟追加」を発布している。もちろん家康も連署している。

家康はそれらを無視し、慶長四年（一五九九）一月に入ってから自分の第六子忠輝の妻に伊達政宗の養女を、久松康元（家康の異父弟）の娘を養女にして、福島正則の子忠勝の妻とし、小笠原正俊の娘を養女としてこれを蜂須賀家政の嫡子至鎮《よししげ》の妻に、さらには家康の従弟水野忠重の娘を養女として加藤清正の嫡子忠広にそれぞれ嫁がせたり婚姻させたりしている。

三成（五奉行の実質的リーダー）は家康のこの行動に猛反発した。もちろん他の家老、奉行も同じである。

「けしからぬ。大老自身が自ら御法度違反なされるとは……」

特に加藤清正、福島正則、蜂須賀家政といえば豊臣家子飼いも子飼い、豊臣家の中枢となる武将たちだ。しかし彼らとて家康の側から縁談を持ち込まれては断るわけにもいかないのであろう。

もちろん家康とて文禄四年（一五九五）の「御掟」を忘れている筈がない。そこは家康のこと、武将たちの反応をじぃーっと見ていた。自分への忠誠心を試していた。そのうち天下を取ってやるという覚悟は心底深く決めている。

　家康は腹臣本多正信にこう伝えた。

「この話は三成が必ず反対するであろうから、内密に……」狸親父の所以である。

　これを伝え聞いた清正は「何ぃ！三成が反対しているだと。おう、もらうぞ、堂々ともらうぞ、三成が反対するなら絶対もらってやる」

「武断派」と言われる清正のこと、「文吏派」と言われる三成とは肌が合わず大嫌いである。それは慶長戦役時のこと。五奉行筆頭と目されていた三成が戦役のことを正しく秀吉に報告していない、歪曲して伝えている、というのである。全くの私怨による。

　清正は三成のことについてはもう生理的に嫌っていた。

　朝鮮から博多へ引き揚げてきたある日のこと、三成の顔をみるなり「おのれの肉を食らいたいわ」と感情をむき出しにして、ほざいたという清正のことである。「武断派」と言われる加藤清正、浅野幸長、福島正則、黒田長政、細川忠興、池田輝政、加藤嘉明の七将と「文吏派」（五奉行ら）は犬猿の仲なのである。これに北政所《きたのまんどころ》は武断派、淀殿は文吏派というように妻妾の争いまで加わっているからややこしい。

病がちであった利家は「法は法」という正論で三成に迫られてはどうしようもない。「内府（家康）のなさりよう、いかなる理由があろうとも、やはりおかしい。内府の釈明は聞かねばなるまい」と利家は詰問使を伏見城へ送ることにした。

詰問使は中老の生駒親正と決まった。最初三成が詰問使を希望したのだが、「お前では話がこじれるだろうよ」と利家にたしなめられ、詰問使にはなれなかった。

親正は一月二十一日伏見城に家康をたずねた。伏見城の大広間には家康の大名、諸群臣が居並んでいる。

緊張した親正は身体を強ばらせながら、一気にこう述べた。

「申しあげます。太閤様ご逝去の後、内府様（家康）のなされよう諸事まことにわがままじごくに思われます。ことに諸大名の縁組みは右大臣様（秀頼）のお許しを得た上で、という掟がございます。それなのに奉行衆にも大老衆にも相談なく進められておりますこと、まことに不思議なことでございます。そのお申し開きに納得いかぬ場合、奉行衆、大老衆ともに内府様を五大老の職から除外致すべきと申しております」

家康は目をつぶり、黙って聞いていたが、和らいだ声で「わしが悪かった。約束を忘れていた。わしの手落ちじゃ、許せ」といった後、表情を変え、「ところでそちの口上を聞いているとわしに逆心ありとも聞こえる。わしに逆心ありと言うならば証拠を見せよ。わしを大老職からはずすというのか。わしが大老職として右大臣公（秀頼）を補佐しているのも太閤様に頼まれたからじゃ、わしを大老職からはずしては太閤様のご遺命に反することにならぬか、どうだ！」

生駒親正はすごすごと立ち帰り、そのことを復命した。

前田利家は激怒した。

「内府のなされよう、不届き千万。内府に今一度使者を出せ。大坂城に出頭して右大臣の前で釈明するように。もし出頭せざる場合はこの利家陣頭に立つ、とな」

病気で体力も気力も失ないつつあった次席大老利家は豪気な猛将に戻っていた。

利家は堀尾吉晴と中村一氏の二人（中老職）に「伏見に使せよ」と命じた。

「大坂から前田利家が兵を率い伏見へ攻めて来る」と噂が立った。

家康は参謀役の本多正信を呼び、何やら耳打ちした。

伏見の徳川邸には竹の柵が結ばれ、塀の外には土塁が築かれ、戦備を整えているかに見えた。

家康も正信も利家が伏見へ攻めて来るとは思ってもいなかった。しかし本気になった武将たちがいた。細川忠興、黒田長政、池田輝政、加藤嘉明、藤堂高虎らの面々である。「内府にお味方つかまつる」と毎度、徳川屋敷の警衛にあたっている。

家康は武将たちの本心を試していた。

堀尾吉晴は伏見へ入った。徳川家康に会うと「この度のこと、加賀大納言（利家）の仰せには『奉行どもにも無礼の段あり詫びを入れさせるので内府におかれても縁組のこと、釈明のご一筆を賜りたい』とのこと。拙者使いとしてまかりこしてございます」

「五奉行が無礼を詫びるというのか……」

家康は堀尾吉晴の態度をじーっと見つめていたが、「堀尾殿、考えたのう。五奉行が詫びるならわしも考えねばなるまい。改めてお互いに誓紙を書くとしようか」

堀尾吉晴は「ははっ」と平伏した。

吉晴は大坂に帰って、前田利家に報告した。利家には「内府は縁組のことについて右大臣公と四大老に詫び、誓紙を書く」と伝え、その後に「奉行どもの内府に対する対応に無礼の段がいささかあった」と報告し、無礼については詫びた方がよろしいかと……」とつけ加えた。

利家も「奉行どもの言葉に無礼があったなら詫びさせよう。わしから治部少《じぶしょう》（三成）に言っておく」と一時の怒りを収めた。老練な堀尾吉晴に三方を丸め込まれてしまった感がある。

こうして慶長四年（一五九九）二月五日、両者に和睦が成立。家康は伏見城で大老筆頭として従来通り天下の政務を見ることになり、利家は大坂で右大臣秀頼公の後見役として天下に睨みを利かせることに。

五奉行の浅野・増田は伏見城に、長束、前田、石田は大坂城にいて政務を執りそれぞれ大坂・伏見間の連絡役としての責務を果たすことになった。

その後、「今度の一件は石田三成が家康と利家を喧嘩させるために企んだ」という噂が流れた。流したのは家康謀臣本多正信あたりなのであろう。

家老島勝猛（左近）は三成に言った。

「こういう噂が立つのも大老同士が対立しているからだ。内府と話し合って和解していただくしかないでしょう。そこで天下の静謐《せいひつ》のため、大納言様（利家）に伏見に出かけていただきたい。内府（家康）も右大臣様（秀頼）のご機嫌伺いに来れずにいる。大納言様が伏見に参られたら内府も大坂に来られるでしょう」と。

話は決まった。慶長四年（一五九九）二月二十九日利家は家康を伏見城に訪問した。

家康と利家は語り合った。

徳川家康は返礼にと大坂に向かうことになったのは三月十一日。利家の病気見舞いと右大臣のご機嫌伺いということで。利家は再び病床についていた。

十一日。家康は大坂城から下がり利家を見舞った後、藤堂高虎邸に入って一泊した。高虎は「風見鶏」と言われる。家康には三成方の情報を寄せている。

十二日に家康は伏見に帰った。無事送り届けた武断派がいざ解散という段になってから、「せっかくみなが集まったのだから、例のことを掛け合おうではないか」と加藤清正が突然言い出した。朝鮮問題である。同調した六人は朝鮮問題の連判状を作成し、使者を通して三成に提出することになった。返答次第では軍勢を出す、というのである。

第二章　三成と家康の暗闘

一、武断派七将「三成襲撃事件」

三成家老島勝猛（左近）は「あの連中は何をするかわからぬ。前田公におすがりなさるのが上策かと」

身に危険を感じていた三成は「前田公の容態が重い。看病しなければ……」と前田邸にとどまることになった。前田家ではしぶしぶ看病を認めることにした。

その利家の容態が急速に悪化し、慶長四年（一五九九）閏三月三日、不帰の客となってしまった。享年六十二歳。大往生であった。

在坂諸大名の総登城の夜、三成に腹を切らせよう」と例の戦国時代の荒武者たちである。

「彼らはやりかねない」

計画を知った三成は仲の良い佐竹義宣らと相談した。「こうなったら家康を頼るしかあるまい」結論はそうなった。佐竹は家臣の中に三成を紛れ込ませて大坂城を脱出させた。大坂城を脱出した三成は伏見の自邸に一度入ると、服装を整え、徳川邸に向かった。

「何いっ。治部少輔《じぶしょうゆう》が来たとな」玄関に出迎えた家康は奥の書院へ三成を案内すると、事情を聞いた家康は「話はわかった。御身はこのわしが確かに預かった。彼の者どもに指一本さささせぬ」ときっぱり言った。

伏見の家康邸にのがれたことをかぎつけた七将は徳川邸に乗り込んでくる。

家康は立場上五奉行筆頭の三成を自分の屋敷で殺すわけにもいかない。また、三成をもう少し生かした方が後々のためにも役立つと考えた。三成はそのうち必ず家康反対勢力を糾合し謀反を起こす。その時一気に反対勢力を一掃するというのである。

家康は玄関に出て凄まじい形相で七将に向かいこう言った。

「秀頼公の御代始めにこのような騒動を起こすとは天下の安定はとても許れない。だが天下を乱してでもというのであれば、この家康、一戦を仕ろうぞ」と一同をにらみ返した。役者である。

家康に一喝された七将は黙りこくった。誰も何も言えなかった。

代表格の清正が「わかり申した。内府におまかせ申す」と急に態度を和らげてそう言った。

七将の暴挙をおさえた家康は書院に戻り三成に向かいこう告げた。

「秀頼公は御幼少ゆえ騒動は慎まねばならない。三成殿は佐和山へ隠居されたがよろしかろう。その代わり、御子息重家殿は家康が力になり、いずれは五奉行に列するよう所領なども相違なきようお取りなし致しましょう。御身は佐和山の城に帰って少し休まれよ。佐和山へは結城秀康（家康二男）手勢でもって御守り致す」と命令調である。三成は「しまった」と思ったがもう遅い。

四月三日、家康の手勢に送られ、三成は伏見の自邸に戻った。

こうして結城秀康軍勢に守られて佐和山へ帰る。利家が没してからわずか数日にして三成は佐和山へ引退し、政界から去っていった。

七将事件を平穏裡に収めた家康の声望はますます高くなっていった。

政界は家康一人舞台となり、伏見城を結城秀康に任せた家康は九月二十七日大坂城に入った。

「わしが大坂におらぬと何かと面倒なことが起きる、わしが大坂にいないとな」と勝手な理由をつけて。北政所は家康大坂城入城とともに西の丸を出て京都三本木に移り住んだ。家康のいう「わしが大坂にいないと何かと面倒なことが起きる」とはある事件がからんでいる。ある事件とはこの時期起きたという家康暗殺陰謀事件。

二、大野治長らによる家康暗殺計画

それは九月九日重陽の節句の日のこと。

係わったのは大野治長、土方雄久《ひじかたかつひさ》、浅野長政。大野治長は秀頼の乳母大蔵卿局《おおくらきょうのつぼね》の子で、秀頼直臣として一万石を食《は》み大坂城に詰めている男。土方雄久は織田信雄（信長二男）の家老であったが、信雄が秀吉に下った後は秀吉直臣となり、尾張犬山で四万石を食み、秀吉死後は秀頼直臣となって大坂城にいる。

それに浅野長政がからんでいたという。その陰謀を家康に通報したのは浅野長政。浅野は自白し、罪を認めたという。何故に浅野までが加わっていたのか。それはわからない。浅野は五奉行の一人であるが、三成嫌いでやや家康寄りであることは確かである。家康と長政が手を結んでの……でっちあげであろうか。

家康が秀頼公の機嫌伺いに来る重陽の節句に家康を暗殺するという陰謀事件が発覚し、結果的に治長は下総国結城の結城家に、雄久は常陸《ひたち》国太田の佐竹家へお預けとなり、両家の所領は没収。長政は奉行職を解職。家督を子の幸長に譲らせ領国甲斐の国に蟄居となった。長政はもう五十一歳。所領は嫡子の幸長に護ることになっていて痛くもかゆくもない。

これはどうも家康の脚本による自作自演と思われる。

「この件、明らかになるまで大坂に滞在する」

こうして家康は誰に気兼ねすることもなく、堂々と豊臣家の本拠である大坂城に入った。

三、前田利長、家康に屈伏

前田利家に代わって五大老となった嫡子利長は金沢へ帰ってから、上杉景勝も会津へ、宇喜多秀家備前に、毛利輝元は安芸にそれぞれ帰国したので中央政権は家康の独壇上である。

十一月になって前田利長に謀反の疑いありと家康は加賀へ出兵の決意をほのめかした。利長は身に覚えのないことなので、家臣の横山長知《ながちか》を派遣し、謀反の意志のないことを弁明した。結果的には利長は母の芳春院を人質として差し出し家康に屈伏している。芳春院は江戸に送られた。大坂でなく江戸にである。この事件も家康の脚本による自作自演なのであろう。諸大名で徳川氏（江戸）に忠誠の人質を出した最初である。

さて、四月佐和山に引退していた三成は漫然と日々を過ごしていたわけではない。政務から離れてはいたが、佐和山から家康の動きをじぃーっと睨み、再起をねらっていた。慶長四年夏ごろから徳川家康に反感をもった大名たちと連絡をとりはじめている。

慶長四年（一五九九）七月中旬、その佐和山に一人の男がたずねていた。会津一二〇万石の筆頭家老直江山城の守兼続《かねつぐ》である。天下一流の知将と評判高い。

かつて、賤ヶ岳の戦いの時、三成と兼続二人は会っている。どちらも若き智将である。上杉と秀吉との和睦交渉である。それ以来意気投合し、交際を続けてきた。この時二人は基本的には「関ヶ原合戦」の戦略が語り合わされたのであろうか。

第三章　三成、家康と対決

一、家康、会津遠征

慶長四年（一五九九）八月、領地の会津に帰った景勝は戦備を整え、家康に対抗する姿勢を示していた。本城の若松城（旧黒川城）や各地域の支城の修復などである。越後六十万石から会津百二十万石に移封され、多数の兵力も必要としていた。

景勝はいかにも戦国武将らしい剛直な人物である。軍事、行政全面的に家老の直江兼続を信じ、兼続に任せていた。

慶長五年（一六〇〇）四月、「政治向きのことにつき相談したきことあり」と家康は景勝に上京を促した。景勝は家康の底意を読めている。したがって素直に家康の要請には応じられない。それどころか世にいう「直江状」でもってその回答をしたという。要請拒否である。

直江状とは慶長五年（一六〇〇）四月十四日付で相国寺の長老西笑承兌《さいしょうしょうたい》宛の上杉景勝家老直江兼続返書（景勝返書）である。有名であるので長文ながらここで紹介しておこう。

「自分は一昨年越後から会津に移されたばかりで、ほどなく太閤の弔問のため上京し、ようやく去年九月に帰国して、わずか四ヶ月でまた上洛せよというのでは、いったいいつの間に国政をおこなったらよいのか。武器を集めたのがいけないというが、上方武士ならば茶碗や炭取りなどを集めるところ、田舎武士は槍、鉄砲、弓矢などの道具を集めるので風俗の違いだ。道路や橋を造ったのが怪しいというが、謀反をするなら逆に道をふさぐものだ。自分には逆心など毛頭ないが、讒言《ざんげん》する者の言い分をそのまま聞きとって、じゅうぶん調査もしないでとやかくいうのは家康の片手落ちではないか。逆心がなければ誓紙を出せというが、いったい一昨年以来何通誓紙を取りかわし、それが今どれだけ反故にならないで効力をもっているだろうか。逆心のない証拠として上洛せよというに至ってはまるで乳呑子あつかいだ。きのうまで逆心を企てた者でも、きょうは知らぬ顔で上洛し、新知行をもらったり、権力者と縁者となったり、恥もかえりみぬ交際などする当世風は、この景

勝の性格にはあわないのだ」（『日本の歴史「江戸開府」』（一九六六、中央公論社））

この書状は関ヶ原の役の引き金となった文書となる。

しかし、これはどうも偽文書臭い。

まずは兼続が書いたといわれる原本が現存しない。写しは存在する。しかし、その写しも全面的には信用できない。

この文書は家康を露骨なまでにあざけったりからかったり痛烈に皮肉ったりしている。そして挑発的でさえある。当時の礼儀を尊ぶ身分制度の厳しい社会にあって一流の教養人であり文筆家である兼続の手になる文章とは思えないのである。

家康は景勝のこの書状に接し激怒し、「こんな失礼な文書今までみたことないわ。謀反は明確。景勝を討つ！」とその書状を足蹴にして叫んだという。ここも役者家康である。

いずれにしても景勝は家康の要請を拒否した。

慶長五年（一六〇〇）五月三日、家康は諸大名に豊臣秀頼名でもって会津出兵を要請した。当人も六月一六日「反逆者の上杉景勝を討つ」と秀頼公に挨拶し大坂城を出発。出陣に当たっては秀頼公より米二万石、黄金二万両を拝領している。これは家康が策した巧妙な演出だった。これで大義名分は揃った。豊臣家のための「義戦」となる。私戦ではない。参加する家康の麾下は三河譜代衆三千余人。駆けつけた諸大名の軍勢を合わせて五万六千。豊臣政権筆頭家老の命令である。一も二もなく諸大名は馳せ参じた。

翌一七日、伏見城に入る。その日、家康の様子について家康の侍医板坂卜斎は「慶長年中卜斎記」にこう記している。

「千畳敷の奥座敷に出御。御機嫌能《よ》く四囲を御ながめ、座敷に立たせられ、御一人ににことお笑ひ御座なされ候」

いよいよ天下取りの時節が到来したと思うと、自然に会心の笑みが浮かんできたのであろう。

伏見城に入った家康はその夜、同城留守居を頼んだ老将鳥居元忠としめやかに語り合った。家康不在の伏見城を、挙兵するであろう三成が必ず攻めてくるとふんでいたからである。二人は伏見城天守閣で夜遅くなるまで酒を飲み交わした。

いよいよ一行の軍勢は十八日伏見を出発家康の本城江戸に向かい、東海道を東下していった。

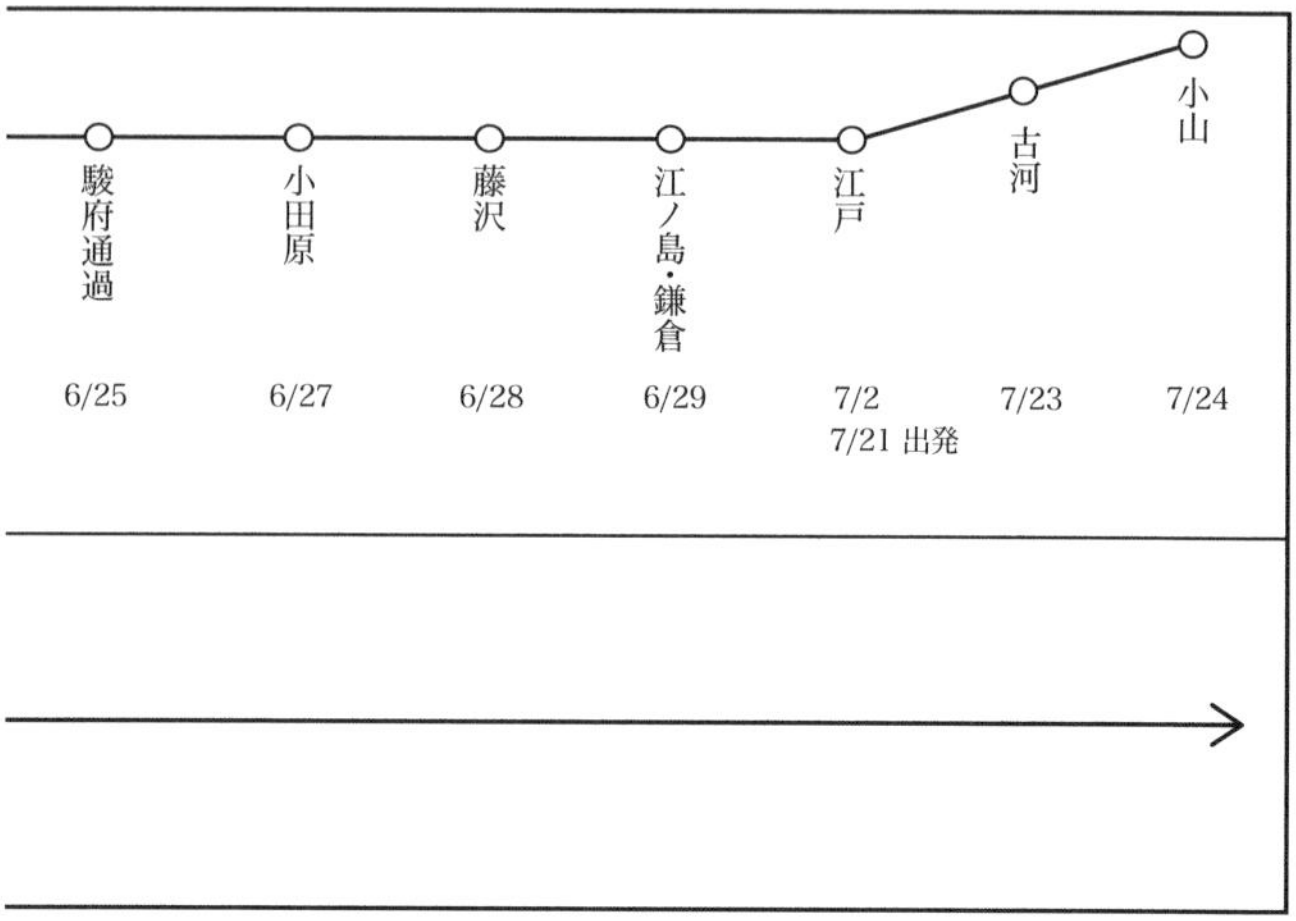

家康の後を追うようにして結城秀康（家康二男）の軍勢も東海道を下る。家康の命である。江戸詰めの秀忠だけでは心もとないと家康は思ったからであろうか。それとも別の戦略があったのであろうか。

六月十八日、家康、近江石部に泊まる。近江水口の長束正家、明日城内に饗応せんことを申し入れる。家康、なぜか不安を覚え、夜中、急に石部を出発する。

家康軍勢は六月十九日は関、二十日は四日市と泊まりを重ね、二十五日駿府城を通過、二十七日小田原、二十八日藤沢、二十九日は江の島や鎌倉を見物。翌日は金沢に遊び放鷹などに興じつつ、ようやく七月二日に江戸城

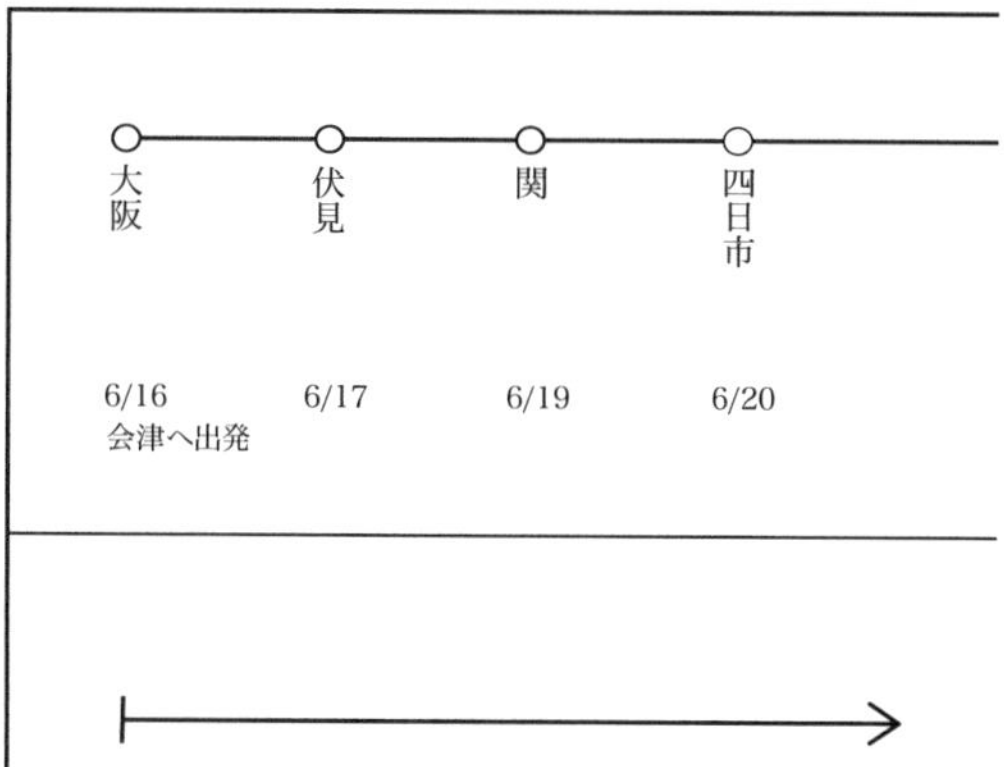

〈会津遠征日程〉

に入った。悠長な征旅に井伊直政が、「上杉征伐をさようにゆるゆるなさるのは何故でございまするか」と尋ねると家康は「わしが奥州に進発すると聞けば上杉と三成は一味である故、たちまち西国大名を集めてくるにちがいない。それを聞いたら上杉退治は結城秀康や伊達政宗に任せ、わしは上方へ引き返し三成を討つ。それでわざわざ時日をのばしているのじゃ」と答えたという。

　つまり、会津遠征は石田三成に兵を挙げさせるための誘導作戦だったのである。

二、三成挙兵

越前敦賀城の城主大谷吉継が時を同じくしての七月二日、徳川内府の会津征伐に加わるため軍勢を引き連れて中山道まで出てきていた。途中美濃の垂井の宿で石田三成の使者に会い近江の佐和山に向かった。吉継はそこで親友の三成と懇談している。

三成はその時、驚くべきことを発言している。「打倒家康」を計画している、というのである。誰にもまだ意思表示していないことである。

吉継は「時は熟していない、軽挙妄動である」と三成の行動を戒め、「仮に今、兵を挙げても大名の支持は集められないであろう。逆に天下静謐《せいひつ》を乱したと責められるぞ」と忠告をする。

しかし三成は「もはや家康の専横はもう限界を越えている。加賀大納言の死後、歯止めが利かなくなっている。内府をこのままにしたら天下は内府のものになってしまう。旗揚げは今しかないのだ。徳川氏は討滅すべきなのだ」と反論し、主張を引き下げない。

大谷吉継はわずか五万石の大名だが太閤秀吉から「平馬（吉継）に十万の大軍を指揮させてみたい」と生前よく言われていた軍略家の持主で、秀吉の側近として愛された男である。

大谷吉継は三成に別れを告げて佐和山を出、垂井に戻ったが、二日後に佐和山に引き返した。三成は「よく戻ってくれた」と泣いた。三成の不退転の決意を知った吉継は協力を約束してくれたのである。

三成は大坂城に戻り三奉行（安国寺恵瓊《えけい》、長束正家、前田玄以）と会い、兵を挙げることになった。

広島の毛利輝元が三奉行から「大坂の御仕置（統括）のことについて御意を得たいことがありますので早々お上り下さい」との上坂要請状を受け取ったのは慶長五年（一六〇〇）の七月十二日書状。早馬は十三日夜には広島に到着している。そこには西軍統帥のお願いも記述されていた。安国寺からの要請文も同封されている。同日、即決した輝元は同十五日に広島を出発している。大動員が下された毛利軍は海路と陸路から三万余騎の大軍でもって大坂に向かうことになった。

毛利輝元はこの時点であるいは天下の覇権を考えたかも知れない。毛利家の天下取り大作戦をである。

　これを知って驚いたのは吉川広家（毛利元就孫、出雲富田城主）である。広家は輝元を追うようにして富田から大坂に入った。広家はこの時三十九歳。

　大坂では三成たちが早くも徳川家康の留守居役を追い出し、西の丸に輝元が居住していた。広家は西の丸を訪ね、「内府に勝てると思ってはいるのですか」と抗議した。しかしもう遅いという。「ならば総大将は大坂にあって秀頼様を補佐し、決して中納言殿は前線に出られますな。我らが前線に出て、何とか致しまする」と大坂城から動かぬことで話は何となく決着をみた。

　毛利家の安泰を願う広家はその後も黒田長政を通じて家康との接近を試みるのである。

　慶長五年（一六〇〇）七月十七日、三成ら反徳川勢力は檄文を作成、諸国の大名へ送り付け決起を促すとともに家康への宣戦を布告した。

　三奉行連署の檄文は次の通り（現代口語訳）。

　確実を期して申し入れます。この度景勝を征討しに向かったことは内府様（家康）が太閤様の御置目に背いて、秀頼様を見捨てられての出馬なので、皆で相談して（家康と）戦うことになりました。内府公が背いた条々は別紙を参照してください。この旨に同意し、太閤様の御恩賞を忘れでないなら、秀頼様に御忠節を尽くされるべきです。恐惶謹言。

これに「内府ちがひ（違い）の条々」十三ヶ条が副えられた。十三ヶ条は次の通り。

一、五人の奉行（大老）と五人の年寄（奉行）が誓紙に連署してから、いくばくも経ない内に年寄（奉行）の内二人（石田、浅野）を追い籠めたこと。

一、五人の奉行（大老）の内羽柴肥前守（前田利長）、景勝を討ち果たすために人質を取り（利長を）追い籠めたこと。

一、景勝は何のとがもないのに太閤様の御置目に背いてついに許容なく家康は出馬したこと。

一、知行のことは自分が受け取ることは申すに及ばす取次も行ってはならないが、誓紙の誓約を破って、忠節も無い者共に与えたこと。

一、伏見城から太閤様が命じられた留守番の者たちを追い出して、私兵を入れたこと。

一、十人（五大老五奉行）以外の者と誓紙を交わしてはならないことは誓約しているにもかかわらず、数多やり取りをしたこと。

一、政所様（北政所）の御座所（大坂城西の丸）に居住していること。

一、（大坂城西の丸に）本丸と同様の天守を建てたこと。

一、諸将の妻子をひいきを行って国許に帰したこと。

一、縁組のこと。御法度に背いてなおも縁を行い、その数は知れないこと。

一、若い衆を煽動して、徒党を立てさせたこと。

一、五奉行（大老）五人の文書を、一人の判形で処理したこと。

一、石清水八幡宮領の検地を免除したこと。

三成らは秀吉死去後の数多くの家康背反行為を十三ヶ条にわたって諸大名に訴えた。呼びかけた当事者並びに呼びかけに応じた武将たちは石田三成、大谷吉継、安国寺恵瓊、長束正家、前田玄以、増田長盛、立花宗茂のほかに毛利輝元、宇喜多秀家、小西行長、島津義弘、豊久、小早川秀秋、脇坂安治、長宗我部盛親、蜂須賀家政などが主であった。毛利輝元、宇喜多秀家が西軍入りに加担したのは五大老五奉行のメンバーを排斥してゆく家康の動きに対していずれも強い危機感を抱いていたことによろう。西軍（反徳川勢力）挙兵の動機の最も大きな理由は冒頭の三ヶ条にあったのである。この時集まった兵数は九万三千七百余だったという。

もっともこれら諸将全員が西軍に積極的に加担しているわけではない。鍋島勝茂や前田茂勝のような東下を阻止されたためとか、周囲の状況からやむなく参加に加担した者もいる。吉川広家などは家康への内通を考えた上での者もいた。

三成は挙兵とともに家康に従った諸大名の戦意をくじこうと大坂に残した妻子を人質にした。細川忠興の妻（ガラシャ夫人）が死んだのはこの時（七月十七日）である。切支丹信徒は自死することは今も昔も禁じられている。ガラシャ夫人は家臣の手にかかり、長刀に胸を突かれて亡くなった。大坂方の人質にされるのを拒んだのである。自邸は放火され、大坂の町の人々に大きなショックを与えた。この三成の妻子人質の策はためにほとんど成功しなかった。

黒田、加藤、細田、池田など七将は三成に味方する道理はない。そこで三成の手がまわらぬうちに留守居の家臣はいろいろと策を考えている。黒田孝高・長政父子の奥方は黒田家に出入りする天満の商家へのがれ、奥の間の床をあげ二人をかくす。機を見て両奥方を商人の女房風に仕立て荷物と一緒に船で淀川を漕ぎ下る。淀川口で船中改めの役人が船を寄せてきたが、改めは簡単に終ったので無事大坂脱出は成功した。

加藤清正の妻は男装して堺に逃げ堺から出入りの商人の助けを借り堺から船で熊本へ向かった。

こうして他の奥方もそれぞれの家臣たちの才智工夫によって大坂を脱出している。

人質徴集作戦はこうして頓挫しているが、三成の描いた家康討滅作戦はまずまずの滑り出しであった。

三、伏見城の戦い―関ヶ原の戦い（前哨戦(1)）

同じ慶長五年（一六〇〇）七月十九日、三成は伏見城の攻撃を開始した。これは家康の予期したとおりである。家康統治の象徴であり、老臣鳥居元忠を城将とする伏見城がまずは格好の餌食となったのである。

この戦いは凄惨を極めた。何しろ伏見城守備の鳥居元忠勢二千はほとんど全員が戦死している。

城将鳥居元忠は伏見城明け渡しの使者をさし殺している。部下には「全員討ち死にをするまでたたかうのだ」と厳命していたという。玉砕覚悟の決死の籠城戦であった。三河武士の典型である。家康が会津討伐のため北に向かった時、その留守居を家臣鳥居元忠に任せた。城将である。この時元忠六十二歳。

元忠は家康が織田家、今川家の人質だった頃から近習としてつき従ってきた忠臣である。家康が関東に移封された際には下総国矢作四万石を与えられている。

家康が伏見を発つ前夜、二人は天守で酒を飲み交わし語り合った。

「わずかな軍勢しか留守居に残せないが……」家康の言うに対し元忠は「会津は強敵ですから、一人でも多くの兵を連れて行って下さいませ」と頼んだという。

こうして二人は幼ない時の思い出話などを語らい、永遠《とわ》の悲しい別れを感じとって、しんみりとした夜を過した。

伏見城が西軍総大将宇喜多秀家（備前岡山城主五七万四千石）、副将小早川秀秋（筑前名島城主三六万七千石）、長曽我部盛親（土佐浦戸藩主九万八千石）、小西行長（肥後宇土城二〇万石、毛利秀元（長門山口城主二〇万石）、吉川広家（出雲富田城主一四万二千石）、大谷吉継（越前敦賀城主五万石）ら四万の軍勢に包囲されたのは七月十八日。

七月二十九日の夜半に西軍が総攻撃をかけた際には一進一退の末西軍は撃退された。

八月一日午前、甲賀を領する長束正家が城の一角を守る甲賀衆の家族を人質にして、「内応しなければ人質を殺す」と通告。脅迫された甲賀衆が西軍に内応し松の丸、そして名護屋丸に放火。混乱に乗じて小早川軍が突入。

午後、激戦となるが、三の丸守備副将松平近正が戦死、松平家忠は自害。本丸の天守も炎上し、申の刻（午後三時頃）に伏見城はようやく陥落した。

西軍四万の軍勢に対しわずか二千の兵力でもって半月ほど持ち応えたということは決死の覚悟の守備兵と豪壮堅固な城塞によるのであろう。

四、小山評定

さて、会津出陣に出向いた家康が本城の江戸に着いたのは慶長五年（一六〇〇）七月二日。それから下総の国古河に着いたのは七月二十三日であるから江戸に二旬ほど滞在していたことになる。筆まめな家康のこと、全国の諸将に書状を出し、少しでも多くの味方を集めていたのである。

家康が伏見の変事を知ったのは城将鳥居元忠からの知らせである。同二十四日、江戸を経って下野の国小山《おやま》まで進出した時である。

「いよいよ来たか」家康はふーっと息を吸った。家康が予期していたとおり、三成が西軍の兵を集め挙兵したのである。四万の軍勢で伏見城を包囲したという。

本陣の小山には早速諸将が集められた。家康軍の先頭は宇都宮、後進は古河辺りまで分散している。その諸将に伝令が飛ぶ。

小山では直ぐに（二十五日）軍議が開かれた。

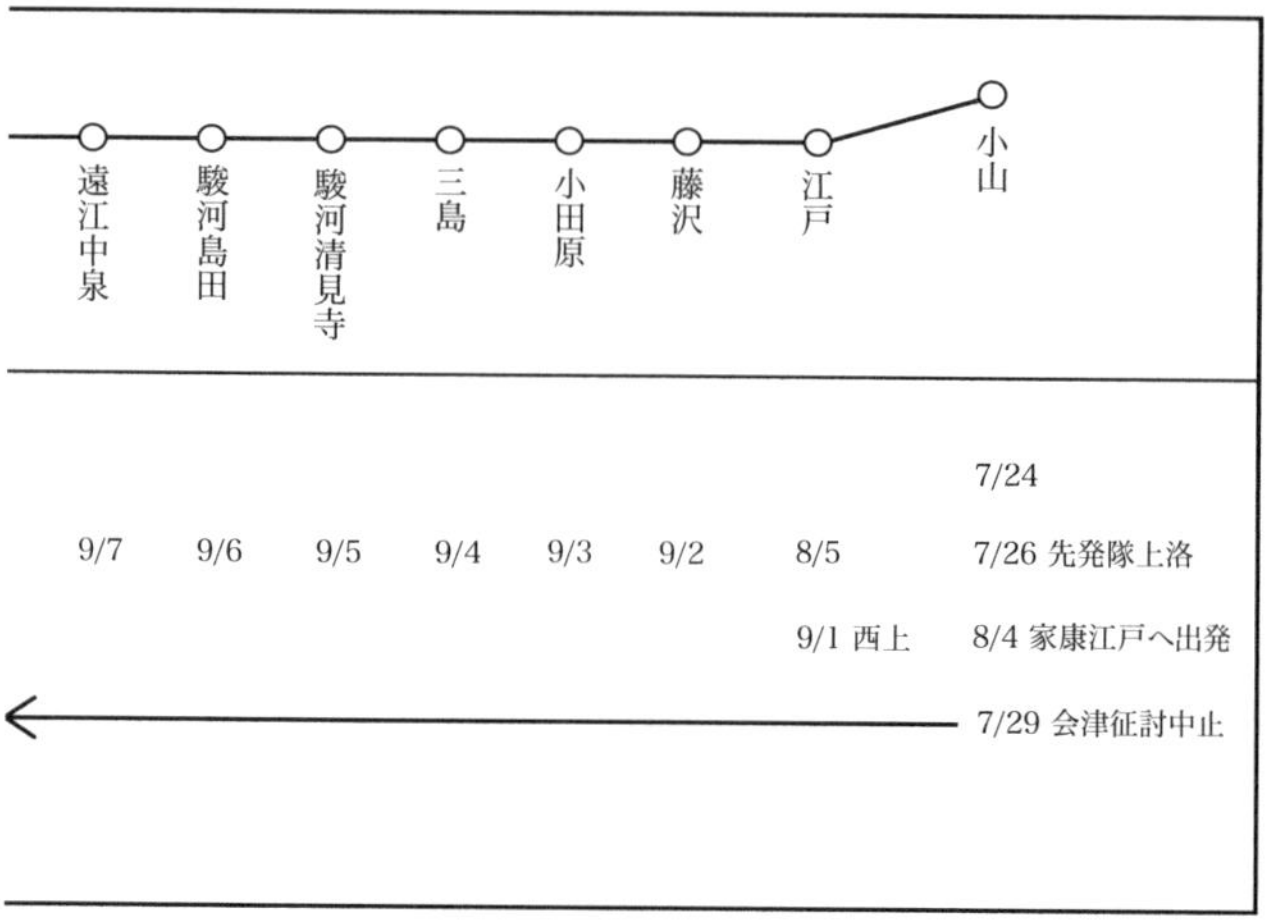

軍議を取り仕切るのは本多正信である。

正信の簡単な挨拶のあと、家康が席を立った。みなは息を飲んで見守っている。

「ご苦労である」と家康はまずは言った。「石田三成、大谷吉継らが上杉景勝と共謀し、毛利輝元、宇喜多秀家らを誘い反乱を起した。諸氏の妻子を捕らえて人質にしているという。

三成らに与したいという者あらば遠慮は入らぬ。よろしくこの場を立ち去られたい。我らはいささかも恨むところはない。諸氏のよろしきように……」「あいや……」と発言を求めたのは黒田長政である。「あいや、我らが妻子を大坂に置いたのは秀頼公への義である。三成公のためにではない。三成は我らが

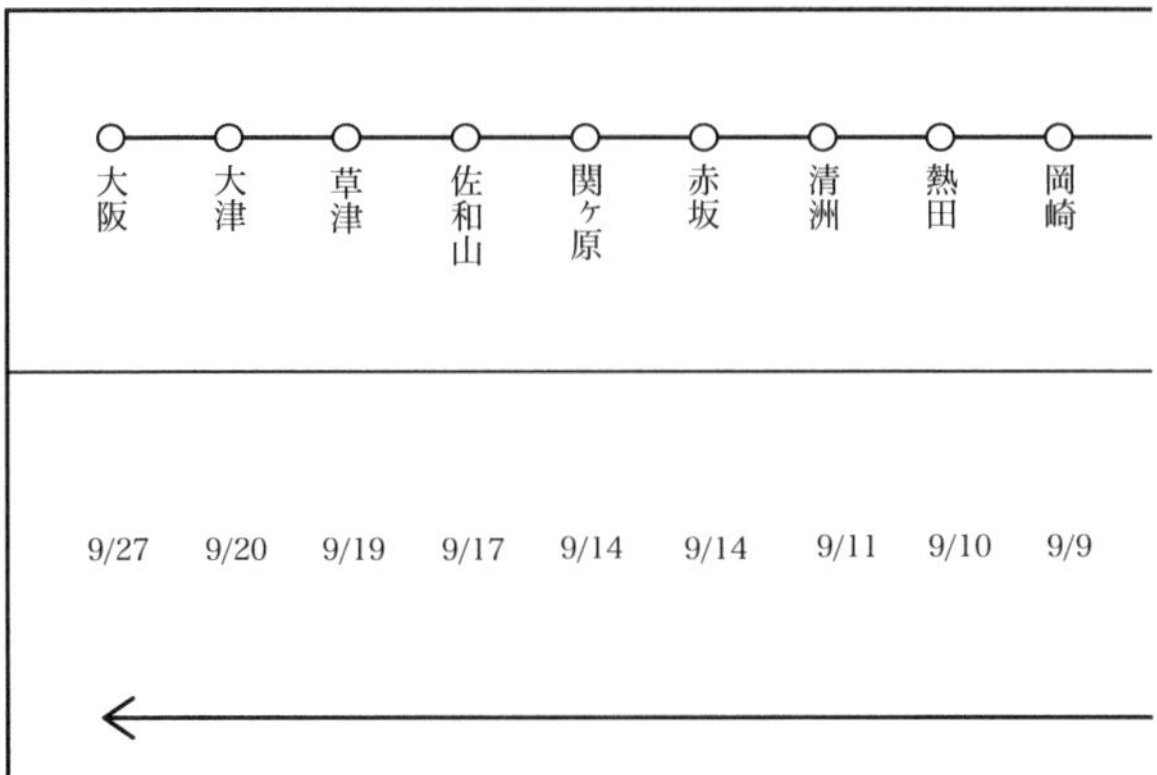

〈家康軍西上日程〉

妻子を大坂城に人質として集めているというが、これは三成の邪《よこしま》な考えによるものである。幼少の秀頼公自身何もご存知ないはず。三成こそ秀頼公を危うくする奸臣ぞ。我らは何の誤りもない。ここは我ら一致して三成を討つべきである」

　この黒田長政という男、なかなかの雄弁家であり、智略才略には父の黒田官兵衛孝高にも似て秀れていた。

「その通りだ」と大声をあげたのは福島正則。同意見が次から次へと出る。賛同の意見である。

　ここで長政の用意した誓書に連署させる。家康も正信に用意させて誓書を諸将に与える。

「諸氏の豊家への忠節、かたじけない。豊家へもしっかり伝えておく。ありがたいことである。さて、では先に討つのは上杉景勝公か石田三成公かみなにたずねる。

「それは西が先であろう」と福島正則の声。「その通りだ」との賛成意見。

そこで再び家康が立つ。

「諸氏の秀頼公を思う気持ち感服致した。ありがたいことである。我らは北に伊達政宗、最上義光殿の助力を得て北の守備を固める。もちろん結城秀康、徳川秀忠の軍勢もそれに加わる。諸氏はまずは西上されよ。我らはその後西に向かい、反逆者石田を討つ。我が軍は必ず勝つ。福島正則殿、池田輝政殿は先鋒を勤められよ」

福島正則、池田輝政は「我が家の名誉。粉骨砕身、先鋒仕る」と応じた。このあたりの案は事前に正信、長政、正則などで企てられていたようである。

家康の思惑どおりに事はスムーズに運ばれていく。

ここで立ちあがった男が一人いる。山内一豊である。

「内府（家康）殿に申しあげたい事がござる。内府殿に我が城と領地をご提供申しあげたい。いかようにもお使い下され」と。

諸将があっと息を飲んだその瞬間、「我が城と領地も」と声が相次いだ。山内は掛川に城をもつ。

「ほう、対馬の将（山内一豊）殿、何よりの馳走。この家康、ありがたく頂戴いたす」

山内のこの一言で家康はその場で沼津から清洲に至る東海筋の諸城を贈られた。

山内は戦後、掛川七万石から一躍二十万石（土佐浦戸）へと出世している。

この時の山内の一言で家康が手に入れた城は中村一栄の駿河沼津城、中村一忠の駿河興国寺城、同駿府城、山内一豊の遠江掛川城、有馬豊氏の遠江横須賀城、堀尾忠氏の遠江浜松城、池田輝政の三河吉田城、田中吉政の三河岡崎城、同西尾城、水野勝成の三河刈谷城、そして福島正則の尾張清洲城等である。これら東海道筋の諸城はもとはといえば家康が関東へ移封された時の家康への押さえとして秀吉が配置した大名たちであった。

五、東軍清洲城に、西軍大垣城へ

大坂の変報を知った家康は兵を江戸に引き返し二手に別れて西上することに決した。嫡子秀忠を急遽中山道（中仙道）から進ませ、家康は東海道を上ることに手はずを決め、八月五日に江戸に帰った。中山道を上る秀忠軍は三万八千、つき従う部将は榊原康政、本多正信、大久保忠隣、酒井家次、奥平家昌、牧野康成、石川康長の譜代、さらに外様の真田信幸、森忠政、仙石秀久ら信濃の諸将。徳川本軍と美濃、尾張で合流する予定の秀忠軍は八月二十四日下野国宇都宮を発った。松井田、軽井沢、小諸を通過し、信州上田城に着いたのは九月五日。

ここの城主は真田昌幸である。

実は昌幸、家康の呼びかけに応じて東軍に参加すべく、上洲沼田城主信幸（信之）長男、信繁（幸村）二男を伴い下野国犬伏（佐野市）まで来た時、石田三成、大谷吉継連署の急使に会う。西軍参加への勧誘である。同地で親子三人相談した結果、父昌幸と信繁（幸村）

は西軍に、信幸（信之）は東軍に付くことになった。

というのは、長男信幸の妻は家康の四天王の一人本多忠勝の娘で家康が自分の養女にして信幸に嫁がせた人であり、二男幸村夫人は大谷吉継の娘である。結果的に一族としては東西両軍に別れ、籍を置くことにした。東西いずれかが敗れても他方は生き残って家名を伝えることができる。戦国の世を生き抜くための智恵である。

何もこのことは真田家のことだけのことではない。全国あちこちの藩でも行なわれている。陸奥弘前の津軽家、志摩鳥羽の九鬼家、阿波徳島の蜂須賀家などにも見られることであり、戦国乱世の凄烈な生き残りの智恵であった。こうして昌幸、信繁は西軍に属し上田へと帰城。信之は東軍に属することになり、小山へと別れた。犬伏の別れである。秀忠軍はその上田城攻城にそれから間もなく向かうことになる。

一方の家康は自軍を引き連れ、西上することになる。家康につき従う主な部将は黒田長政、福島正則、池田輝政、細川忠興、生駒一正、中村一氏、加藤嘉明、浅野長政、蜂須賀至鎮、田中吉政、堀尾忠氏、山内一豊、藤堂高虎、京極高知、寺沢広高、筒井定次など、豊臣恩顧の大名が多かった。これに軍奉行として本多忠勝、井伊直政が加わる。しかし、家康はまだ江戸を経っていない。

家康が江戸へ向け小山を発ったのは八月四日である。家康西上の先遣隊（池田輝政、福島正則ら総勢五万六千ほどの軍勢）は八月十四日に福島正則居城である清洲城へ入った。江戸～清洲間の東海道はほとんどが家康の、あるいは家康に提供された領地であるから先遣隊は容易に進軍することができた。

さて、石田三成軍の西軍はどうしているか。

西軍は尾張、美濃へ進出し、秀頼公をいただいて家康と決戦する覚悟でいた。しかし、大坂城にいる毛利輝元もまだ出馬してこない。

それには理由があった。

淀殿が秀頼公の出馬を拒否していたのである。

「秀頼公を前線にですか。そんな危険なところへはなりませぬ。それに大坂城内でも反乱を企てる人がいるということではありませぬか」と猛反対。事実、城内は疑心暗鬼の状態、本多正信辺りが放った細作によるのであろう。

かくして大坂城内の輝元麾下の兵も大坂にとどまることになる。

美濃、尾張が両軍の大きな戦場になると思っていた石田三成は犬山城、岐阜城、大垣城、を防衛ラインにして重要視していた。そこでその三城の中央に位置する岐阜城の城主織田秀信（信長嫡孫）を自軍に引き入れようとしていたが、ようやく八月十日に秀信を味方にすることに成功した。同日には大垣城主（伊藤盛正）をも味方にし、三成は大垣城に入城する。同城は西軍の拠点となったのである。大垣城には石田三成、島津義弘、宇喜多秀家、小西行長らが続々と入城した。ここに清洲―大垣間はわずかに七里（二十八キロ）ほど。対決は近づいていた。

六、岐阜城の戦い―関ヶ原の戦い（前哨戦⑵）

東軍の前線拠点清洲城の将兵たちは東軍本隊家康軍を待った。がしかしなかなか家康は江戸を出て来ない。先遣隊がすでに江戸を離れているので三万三千ほどの軍勢でもって八月四日に江戸に向け出発。翌五日に本城江戸に着いたが、その江戸からなかなか腰を上げようとしない。家康は三万三千の軍勢を率い江戸を発ったのは九月一日になってからであるが、この間家康は何をしていたのであろうか。家康は自軍に参加した豊臣系の大名が本気で三成に戦いをいどむかどうか見極めたかったのである。と同時に東軍に参加してくれそうな全国の大名に得意の書状戦術でこまめに勧誘作戦を行っていたのである。慎重に慎重を重ねていた。石橋をたたいて渡る慎重さなのである。

「家康は何をしとるんじゃ。俺達を劫《ごう》の立替にするつもりか」（囲碁用語。わざと石を捨てて敵に取らせること、捨て石）と短期な福島正則は江戸城に使者を送る。江戸では本多正信が応対し、「いつ出陣するのかというが、主人の方は逆にあなた方の、いつ石田方を攻めるのか。疑念を持っておられる」と言った。清洲の使者たちは「なるほどそういうことだったのか、我らは豊臣系の大名が多いからのう」と納得した。

福島正則はそのことをみなに報告し、二心のなきことを示すためにもまず岐阜城を攻めよう、ということになった。

岐阜城は難攻不落の名城で、かつて稲葉の城と称していた。戦国時代は斉藤道三の居城でもあった。池田輝政が城主の時もあった。城郭のうちでは全国有数の高さ（標高三二九メートル）を誇る。織田信長がこの城を攻略平定し、天下統一の策源地として有名になった城である。

織田秀信は信長の孫である。秀吉から岐阜城を与えられ、関ヶ原の合戦時には十八歳、従三位権の中納言であった。

「我が軍織田軍には緋色の武具を着用させる」と軍議の華美にこだわっているうちに三成の誘いを受けて西軍についた。

慶長五年（一六〇〇）八月二十二日、東軍の池田輝政、浅野幸長、山内一豊、堀尾忠氏、有馬豊氏らの一万八千は河田で木曽川上流を渡る。岐阜城は東軍にとって、上方への通路に当たる。福島正則、細川忠興、加藤嘉明、黒田長政、藤堂高虎ら一万六千は東加賀野で木曽川下流を渡河。途中竹ヶ鼻城を抜いて北上、合流した。

これに対し、若い秀信は「我ら織田軍法には籠城という戦法はない。常に城から出て戦ってきた」と、後詰めの大垣城からの援兵を待たずして六千の自軍を引き連れ、城を出た。

岐阜城の外郭に兵力は分散配置されていたが、外郭は翌二十三日攻め落され、早くも降伏の交渉が行われて、未の刻（午後二時頃）に岐阜城は落城した。岐阜城の地理、内情を知っている旧城主池田輝政の差配にもよろう。落城の報告を受けた家康は先鋒諸隊の二心なきを知って大いに喜び、九月一日江戸を出発、十一日には早くも清洲に着き、ここに二日間逗留して十三日に岐阜に向かった。その途中美濃国の立政寺の僧が土地の名物大柿を家康に献上すると、家康は「はや大垣はわが手に入ったぞ」と柿の実を近習たちに与えて喜んだという。

七、秀忠軍、関ヶ原の戦いに遅参、大失態　上田城の戦い―関ヶ原の戦い(前哨戦⑶)

中山道を西上した徳川秀忠軍（三万八千）は八月二十四日、宇都宮を出陣した。宇都宮の出発が遅すぎる感がするが、これは会津への押さえとして上杉景勝に対する対応策があったからである。

秀忠を主将とする中山道軍の任務はまずは真田昌幸の上田城攻めに重点を置いていた。そしてその後、美濃辺りで家康本軍と合流することになっていた。

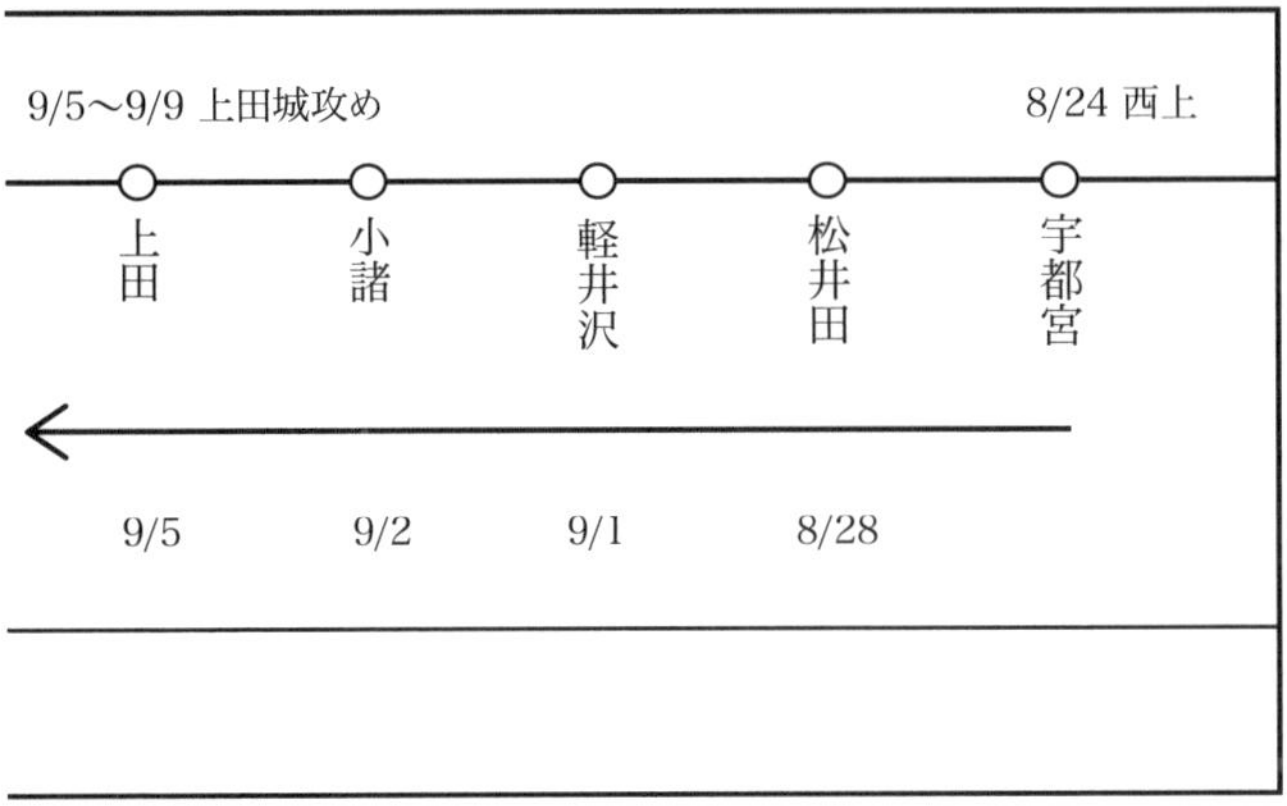

秀忠軍が信州小諸に着いたは九月二日。九月五日には上田に着いている。

小諸着の二日、すぐに小諸城西方にある上田城に使者を派遣、上田城開城を迫った。城主の昌幸は「諸将を説得してからお答えします」と時間を稼ぎ、守りを固めた。そして二日後に秀忠の再度の使者に対し、開城を拒絶している。

真田昌幸、信繁（幸村）父子は武略、智略ともにすぐれた戦術家。秀忠軍は二千ほどの寡兵の上田勢に空しく日時を費やしてしまった。九日を迎えて結局何らの対戦もなく成果もなく、上田を去らざるを得なくなる。真田一流の弁舌に丸めこまれ、騙さ

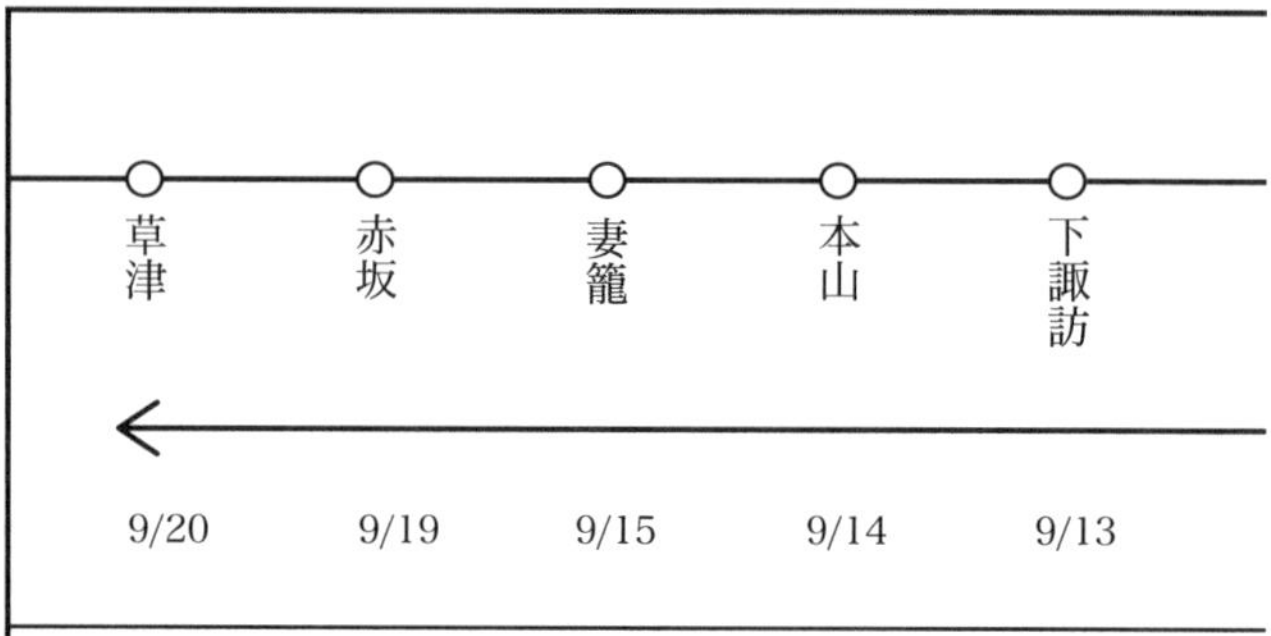

〈徳川秀忠軍西上日程〉

れてしまった。

十一日、小諸をあとにし、十四日すなわち関ヶ原合戦の前夜は本山（長野県塩尻市）に宿営し眠りについていた。つまりは十五日の関ヶ原の戦いに間に合わなかったのである。

秀忠は八日間もここに釘づけにされていた。一軍の将秀忠は時に二十二歳。初陣であったと言われる。実践の経験はない。参謀として本多正信、榊原康政がついていたが、両者は肝心な場面で作戦に対立を繰り返していた。

こうして家康――秀忠間の連絡の不十分さもあって上田城攻略も失敗し、関ヶ原の戦い（本戦）に遅参するという大失態に終わってしまった。関ヶ原到着は九月十五日、一日の遅れであった。

しかし、この件は一方的に秀忠に非があるというわけでもない。家康自身にもその責任の一端はある。

家康は九月二日に秀忠に急ぎの使いを出している。「急いで美濃に軍を進めよ」というものだった。

秀忠はその重大な方針の変更を全く知らないのである。つまり使者が秀忠のもとに到着したのは九月九日。使者の到着が九月の長雨で遅れていたのだ。つまり家康の天候判断のミスが秀忠軍遅参の理由の一つと言えるかも知れない。

秀忠遅参の理由には連日の雨にあった。

「打続きての雨に道あしくなり壁土をこねたる如くなる道を諸人通り候に馬足の前エタの節（前足の関節）迄とどき候。『板坂卜斎覚書』にはそう記されている。木曽の山中の細い道を重い小荷駄を積んだ車馬を従えての行進である。難儀なものだったろう。

秀忠は合戦五日後の二十日、近江の草津に着き家康に面会を求めたが、家康はこれを許さず、父子の対面が行われたのは二十三日のことであった。

第四章　関ヶ原の戦い

一、東西両軍、関ヶ原へ

西上して来た家康軍三万三千は九月十四日、大垣北西二十丁（二キロ）に先遣隊の用意してくれていた赤坂の宿舎に入った。赤坂は中山道の宿場町でもある。そしてそこから程近い南方の岡山（現在の勝山）に本陣を置いた。

この日、東軍の軍勢はふくれあがった。家康が来ているということで。

ところで、東軍が垂井、関ヶ原方面に放火などをしているのを見た三成は、大垣城攻めでなく三成の本城である佐和山攻め、さらには大坂城をもねらっているに違いないと判断した。「東軍は佐和山を経て大坂をめざす構え」という噂も城内で流れていた。東軍本多正信辺りが野戦を仕掛けるために細作を通して流しているのであろうか。野戦は家康が得意としている。

そこで三成は西軍の総大将大坂の毛利輝元に関ヶ原付近に来会するよう要請した。大坂城が戦場になるのは困るのである。

それが、前述したように、大坂本陣は淀君の反対、城内反乱の情報もあって関ヶ原に参集できなかった。

西軍は急遽、一部の兵（福原長堯――三成の聟七千人）に留守居を頼み、十四日酉の刻（午後七時頃）ひそかに関ヶ原をめざした。「先に関ヶ原に出て行って、待ち伏せする」という作戦である。馬の枚《ばい》を含ませ蹄には藁束を巻き、松明もともさず静々と進んで行った。大坂に向かうには関ヶ原は東軍の通り路になる。西軍は中山道の西の狭路を閉ざす。そこで決戦をというのであろう。

西軍の大軍は雨の中南下し、野口村を経て南宮山（標高四一九メートル）の南麓を迂回して進んだ。松尾山（標高二九二メートル）には小早川秀秋軍がすでにこの日着陣している。

その小早川軍は伏見城攻略後三成から関ヶ原付近への参集を要請されていたのである。小早川は近江高宮（彦根）に滞陣していたが、そこからなかなか美濃に入ろうとしない。

秀秋はこの期に及んでもまだ東軍に加わるか西軍に加わるかに迷っていた。美濃大垣城入りも病と称して高宮（彦根）から出ないので、三成にはその動静を疑われたりもしていた。結果的には九月十四日に入って西軍の動きに合わせて、高宮から中山道を通り松尾山に入っていた。関ヶ原の前日である。

その北方山中村にはすでに（九月二日）、大谷吉継、脇坂安治らが場所を占めていた。同じく三成の要請による。大谷軍はそれまで越前方面を任されていたが、岐阜城陥落後、関ヶ原方面にと回って来ていた。

三成はその後最後の点検にとわずかな供を引き連れ馬を疾駆させて南宮山の毛利陣営を巡回、最後の打ち合わせを行っている。西軍総軍の突撃は笹尾山の狼煙をもって合図する。吉川広家には戦勝の暁には二ヵ国を与える、との約束を取り交わした。

帰りには松尾山の小早川と小早川の重臣平岡頼勝に会い、狼煙の件を伝え、次いで戦勝の暁には秀秋に上方において二ヵ国を、それに秀頼様ご成人までの間、関白職を努めていただく、という条件を示した。秀次事件もあったが、関白職はやはり魅力である。秀秋の心は大きく揺れた。

この頃（関ヶ原の前日、十四日）、実は東軍側からも吉川広家、小早川秀秋側に謀略の手が伸びていた。井伊直政、本多忠勝、黒田長政と吉川広家、小早川秀秋との間に内応の話が密かに進行していたのである。秘事中の秘事のことは真相不明の部分多いが、内容はほぼ次の通り。

一、毛利輝元の無罪と毛利領国安堵は約束する。
一、小早川家の重臣平岡頼勝と稲葉正成の忠節に家康も喜んでいる。
一、小早川秀秋の伏見城攻略の行為は全て水に流す。
一、小早川秀秋の忠節がはっきりした場合は二ヵ国を進呈する。
（家康からは起請文が出されていたようである。後の論功行賞で小早川秀秋には宇喜多秀家の備前と美作の二ヵ国四〇万七千石が与えられている）

三成は南宮山の毛利、松尾山の小早川陣営を巡回の後、山中村に陣を張っていた大谷吉継と最終的な作戦を打ち合わせして本陣に戻った。

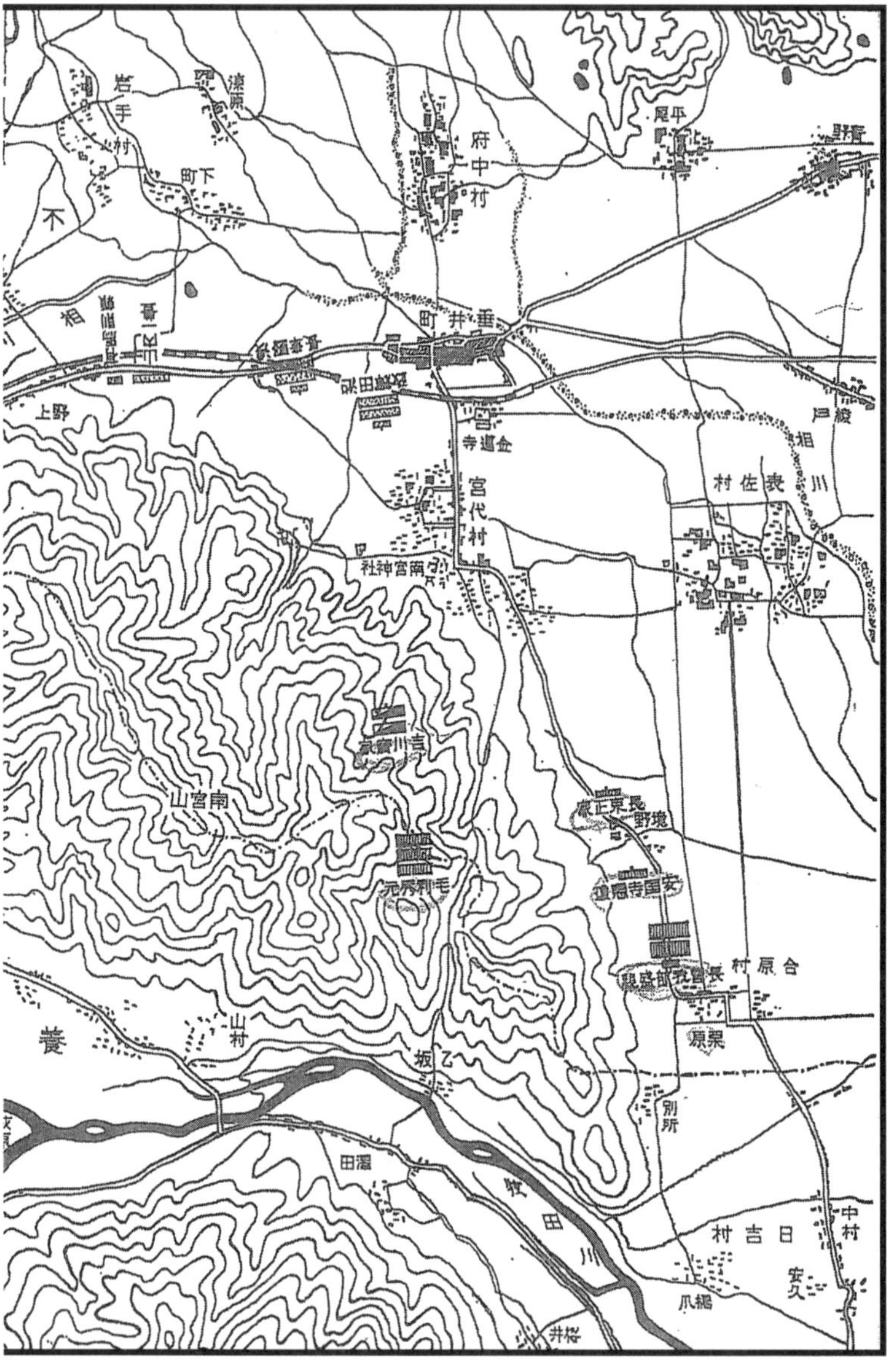

岩手村
府中村
平尾
垂井町
宮代村
南宮神社
表佐村
相川
南宮山
合原村
栗原
別所
牧田川
日吉村
中村
安久

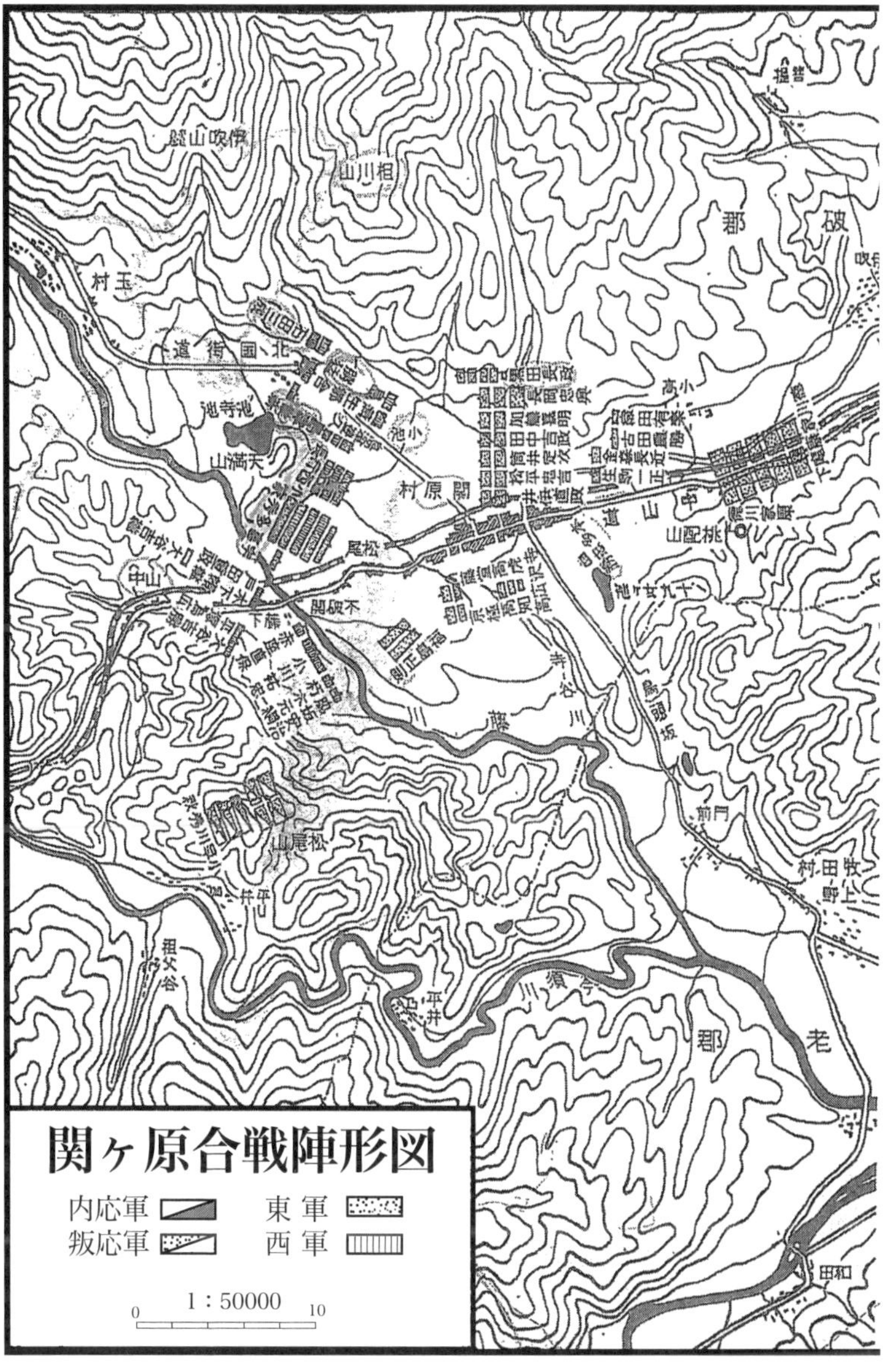
関ヶ原合戦陣形図
内応軍
東 軍
叛応軍
西 軍
1：50000
0
10

「これで全て計画は整った。あとは全力で勝負に徹するのみだ」と三成は深く息を継いだ。
なお、南宮山周辺の吉川広家、毛利秀元、安国寺恵瓊、長曽我部盛親らは伏見城攻略の後、三成の指示で伊勢街道を北上し南宮山周辺に入ってすでに（九月七日）布陣し終えていた。関ヶ原付近への参集を三成に求められていたのである。

　ここで関ヶ原の戦い（本戦）の東西参加兵力配置数（慶長五年九月十五日午前八時半現在）と東西両軍の陣形を図示しておこう。この大戦（本戦）に集まった総兵力は東軍九万二千、西軍八万六千と言われる。

西軍

島左近　（一、五〇〇人）
蒲生郷舎　（一、〇〇〇）
石田三成　（六、〇〇〇）
島津義弘　（一、六〇〇）（不参加）
小西行長　（四、〇〇〇）

宇喜多秀家（一七、〇〇〇）
戸田重政・平塚為弘（一五〇〇）
大谷吉継・大谷義勝・木下頼継（五、二〇〇）
赤座直保（　六〇〇）（内応軍）
小川祐忠（二〇〇〇）（〃）
朽木元綱（　六〇〇）（〃）
脇坂安治（一、〇〇〇）（〃）
小早川秀秋（一五、六〇〇）（〃）
吉川広家（三、〇〇〇）（〃）
毛利秀元（一五、〇〇〇）（不参加）
長束正家（一、五〇〇）（〃）
安国寺恵瓊（一、八〇〇）（〃）
長曽我部盛親（六、六〇〇）（〃）
計　八五、五〇〇人

東軍

池田輝政　（四、六〇〇）

浅野幸長　（六、五〇〇）

山内一豊　（二、〇〇〇）

有馬則頼　（一、〇〇〇）

徳川家康　（三三、〇〇〇）

黒田長政　（五、四〇〇）

細川忠興　（五、〇〇〇）

加藤嘉明　（三、〇〇〇）

田中吉政　（三、〇〇〇）

筒井定次　（三、〇〇〇）

松平忠吉　（三、〇〇〇）

井伊直政　（三、六〇〇）

織田有楽斎	（　四五〇）
古田重勝	（一、二〇〇）
金森長近	（一、一〇〇）
生駒一正	（一、八〇〇）
本多忠勝	（　五〇〇）
寺沢広高	（二、四〇〇）
藤堂高虎	（二、五〇〇）
京極高知	（三、〇〇〇）
福島正則	（六、〇〇〇）
計	九二、〇五〇人

この夜（九月十四日夜）、家康は岡山（勝山）の宿舎で熟睡していた。真夜中（午前二時頃）、家康は家臣に起こされた。

「殿、西軍は大垣城を出ました。南宮山を関ヶ原に向かったようです」

「何、城を出たか。すぐに出陣じゃ。中山道を関ヶ原に向かう。急げ！」

福島正則、黒田長政を先鋒として西軍の後を追った。関ヶ原は中央を中山道が通っていて東の狭隘部を垂井町、西の狭隘部を山中村が占め、東西約四キロ、南北約二キロの馬蹄形をなす盆地である。関ヶ原の中枢部では、中山道、伊勢街道、北国街道が交差し、交通の要衝となっている。

往時、不破関が置かれていたことからもわかるように古来、政治的にも軍事的にも東西を遮断する重要な地でもあった。

東軍は敵の用兵の配置を察知しながら、用意周到、兵を配置していった。

まずは南宮山の西軍毛利軍に対応させて東の狭隘部に池田輝政、浅野幸長、山内一豊、有馬則頼軍を配置し、関ヶ原の中央部桃配山（標高一〇四メートル）に家康本軍三万三千をとどめ、その先前線に黒田長政、長岡（細川）忠興、加藤嘉明、田中吉政、筒井定次、松平忠吉、井伊直政軍を横一隊に並べ、西軍石田、小西、宇喜多軍に対陣させ、中山道を挟んで南側に藤堂高虎、福島正則、京極高知、その後は寺沢広高軍を置き、そして加藤嘉明、田中吉政らの後方に織田有楽、古田重勝、金森長近、生駒一正、本多忠勝らが配置された。布陣を終えたのは卯の刻（午前七時頃）である。

二、東西両軍、遂に激突

ここに東西両軍は関ヶ原の地に対峙することになった。東軍九万三千西軍八万六千の大軍同士の激突となる。両軍が雌雄を決する時がついにやってきたのだ。

慶長五年（一六〇〇）九月十五日卯の刻（午前七時頃）関ヶ原は霧の中。静かである。馬のいななきが時々聞こえる程度である。

もう秋、薄の穂が霧の向こうに白く揺れ、見えつ隠れつしている。東軍の軍勢が桃配山に向かって低く波打っているのが霧の間から見えて来た。西軍の陣形は典型的な鶴翼の陣になっている。

「これは勝ったぞ」石田三成は白馬にまたがりながら一人つぶやいていた。

後年、明治政府の軍事顧問として来日したドイツのメッケル将軍は関ヶ原合戦の陣形図を見て即座に、「これは西軍の勝ちですね」と答えたという。中国の兵法でいう「鶴翼の陣形」、つまり鶴が大きく翼を広げて敵を囲い込む態勢だったのである。

実は東軍が勝ちと聞かれたメッケル将軍は不思議な面持ちであったが、西軍に内応する者がいたと聞いて「それなら話は別だ」と言ったという。

ところで何故に家康は大垣城を攻めなかったのか。やはり野戦を得意とする家康は攻城戦を嫌ったのであろう。攻城には平常時の十倍の兵力を要するといわれる。守備を固めた城攻めには犠牲も多く出る。大坂城には四万四千の軍勢が秀頼公を擁して控えている。徳川秀忠軍三万八千はまだ関ヶ原に到着していない。慎重を期さねばなるまい。家康はそう思ったのであろう。

慶長五年（一六〇〇）九月十五日辰の刻（午前八時半頃）、濃霧は相変わらず眼前を覆い、双方ともに無言の睨み合いが続く。緊迫感が漂うなか、異様な静寂感が辺りを支配している。

「十五日、小雨ふり、山あひなれは霧ふかくして五十間（約九十メートル）先は見へす。霧あがれは百間も百五十間計《ばかり》先もわつかにみゆるかとおもへは、そのまま霧をりて敵のはた少計見ゆる事もあるかとおもへは、そのまゝ見へす。家康公御馬を立てさせられ候所を治部少輔（三成）陣場とは間一里余（四キロ）なり」（『慶長年中卜斎記』）

午前八時半霧が切れはじめ、視界が広がってきた。笹尾山には「大一大吉大万」の、桃配山には「厭離穢土欣求浄土」の軍旗が風になびいている。

その刻限、東西両軍が睨み合う中、密かに移動する一軍があった。井伊の赤備え三十騎ばかりからなる軍兵。旗指物、具足、陣羽織全てが赤一色に統一されている。直政は家康四男松平忠吉（直政の女婿）の後見役として関ヶ原に臨んでいた。

途中、福島隊の先頭部隊長可児《かに》才蔵に見とがめられた。

「抜け駆けは軍法違反だ。今日の先鋒は左衛門大夫（福島正則）なり。誰殿にもあれ、先へは通さん」

軍評定によって、この日の先鋒は正則と決められている。

直政は不満だった。この大戦の戦端の火蓋を豊臣の恩顧の正則に切られたとあっては面目がほどこせない。この役は何としても徳川直属が果たさなければならないと直政は考えていた。いやそうではない。家康自身からの指示があったという説もある。名目はどうであれ、実質的には豊臣と徳川の対決、その先鋒をとれ、と命じられていたというのである。

「井伊直政でござる。下野公《しもつけ》（松平忠吉）とともに物見中なり。下野公はご初陣ゆえ、先隊へ行き、敵合せの激しき形勢、戦のはじまるを見物ありて、後輩になし給わんと望むもの。抜け駆けでござらん」

直政はそう言って、西軍の宇喜多隊の前面に出るやいなや、突如発砲した。

決戦の火蓋は切られた。関ヶ原の戦いへの火蓋である。抜け駆けに怒った福島正則は「この戦いの先陣を切るのは福島正則以外にない。みなの者、続け！」と漆黒の巨馬にまたがり、駆け出した。福島正則六千騎は大喚声をあげて正面宇喜多隊の陣営に突撃する。宇喜多隊も応戦する。一万七千ほどの軍勢を五段に分けて応戦する。凄まじい戦いとなった。東西両軍はここに大喚声をあげてぶつかり合った。東西両軍合わせて十八万の軍勢でひしめきあい、切り結んでいる。

藤堂高虎と京極高知五千五百は大谷隊と激突。これに寺沢広高隊二千四百が合流。大谷吉継軍は直属の兵千百騎ほどであるが、戸田重政、平塚為弘は麾下に組み込まれており、それに大谷義勝（吉継息子）、木下頼継（吉継娘婿）も加わるので、六千七百騎が受けて立つ。これに対して藤堂、京極軍五千五百騎が真っ向から勝負している。

松平直吉、井伊直政、本多忠勝の三隊は島津隊をめがけて進撃、織田有楽、古田重勝らは小西隊へ突撃、黒田長政、細川忠興、加藤嘉明、田中吉政、筒井定次らの諸隊は石田隊と激突。『徳川実記』にはこうある。

「かかる大戦は前代未聞の事にて諸手《もろて》打込《うちこみ》の軍《いくさ》なれば、作法次第という事もなく、我がちにかかり、敵を切崩したる」

太田牛一はその死闘を目撃し、次のように書き記している。

「敵身（味）方押合、鉄砲放ち矢叫びの声、天を轟かし、地を動かして、黒煙立ち、日中も暗夜となり、敵も身（味）方も入り合ひ、錣をかたむけ、干戈を抜き持ち、おっつまくり攻め戦ふ」

東西両軍はここに大喚声をあげてぶつかり合った。（『信長公記』）

この中で最大の激闘を演じたのは石田隊であろう。三成を最大の攻撃目標としていたのは黒田長政、細川忠興、加藤嘉明らで三成を怨敵としている。しかし、この三人の部将だけでなく、東軍諸将の軍兵は三成めざし雲霞のごとく石田隊に襲いかかった。

前衛隊長の島左近は部下を二隊に分け、一隊を柵田にとどめて守備を固める一方、他の一隊を自ら率い黒田隊の中央めざして突撃してゆく。

左近は三成の筆頭家老である。その頃よく語り継がれていたものに「三成に過ぎたるものの二つあり、島の左近に佐和山の城」がある。当時、三成は四万石の小大名であった。三成が左近を召し抱えるにあたってはその半分の二万石を与えたという。前代未聞のことである。秀吉もさぞかし驚いたことであろう。

その左近も左翼に回った黒田長政の鉄砲隊に倒れた。関ヶ原の戦いにおける左近の勇猛ぶりは後世まで語り伝えられている。

左近が倒れ、三成の本陣が崩れはじめた時、三成の秘密兵器の大筒が轟音をあげる。三成は五門（一説には三門）を笹尾山に据えつけていたのだ。現在の大砲のような殺傷力をもつものではないが、その轟音は相手に強力な精神的ダメージを与えるものであった。

巳の刻（午前十時半）になった。開戦からもう二時間経っている。双方の旗幟が入り乱れての死闘が続いている。

巳三つの時（午前十一時頃）家康は桃配山から数百メートル離れた陣場野というところに陣営を移した。前線の士気を鼓舞しようとしたのである。

両軍交戦の中で西軍島津隊の戦意は薄かった。大垣城での軍議で主張した夜襲攻撃が入れられず、気分を害して戦闘不参加を決め込んでいた。

「今日の戦いは己れに向かってくる敵に尽くすのみ。前後左右の隊の戦いにもかかへりみるひまはない」と。いわばへそを曲げているのである。一軍の責任ある部将としてはどうであろうか。

三成には西軍が少し有利に見えていた。がよく見ると西軍の小早川秀秋軍（一万五千）が動いていない。南宮山の吉川広家、毛利秀元勢（一万八千）も静観を保っている。島津勢も然りである。

昼近くになって、霧が晴れてきた。関ヶ原の盆地は依然として旗指物が入り乱れている。

三成はここで狼煙の点火を命じた。狼煙はまっすぐに青空に映えて立ち昇った。

この狼煙で膠着状態を変えるものと三成はぞくぞくしていた。が、南宮山の西軍も松尾山の西軍も山を降りて来ない。毛利軍も小早川軍も狼煙を合図に一斉に山を下って総攻撃に加わる手はずになっていた。その西軍の兵は動かなかった。

小早川秀秋は南宮山の方向をじっと見つめていた。松尾山からは南宮山の方面が杉林の杉の芯の向こうに見えていた。兵は動いてない。

ここで西軍の毛利軍一万八千が東軍目ざし山を駆け下りることに手はずが整っていたのだ。しかし、一兵も動かない。これで毛利家の内応は決まり。松尾山の小早川も東軍に付くしかない。家康に付けば勝利確実。三成に付けばその決着は分からない。そこへもってきて、松尾山山麓の家康陣から裏切り催促の「誘い鉄砲」である。家康の命による松尾山に向けての一斉射撃。

秀次もここに至っては決断せざるを得ない。

「三成を討つ。目ざすは大谷刑部の陣なるぞ。かかれっ！」

午の刻（正午過ぎ）、遂に秀秋の采配は振られた。家康の危険な賭けは吉と出た。実は小早川秀秋が東軍に加担した理由は当初からあったと思われる。

秀秋は秀吉の正室北政所の甥で、秀吉の養子となってから彼女のもとで養育されている。言わば育ての母親のような存在である。北政所が豊臣の天下を守るには家康に頼るしかないと考えていたとすれば、秀秋は東軍に与する立場にあった。

後に秀秋は筑前・筑後の国守大名になったが家康の推挙によるといわれる。秀秋は慶長の役には軽率な行動があったとされ、筑前筑後から越前国北庄に減封されていたことがあるが、秀吉死後まもなくもとの筑前・筑後両国に戻されている。これにも家康の影が濃い。秀秋は東西どちらが勝ち組みになるか最後の最後まで必死だった。迷いに迷っていたのである。

三、小早川秀秋背反、西軍敗走

小早川隊一万五千は雪崩のごとく山を馳せ下った。満を持して一戦もしていなかった小早川軍は大谷隊の側背に向かって突っこんでいく。全山鳴動し、無数の旗指物が揺れた。ここに第二の裏切りが起こった。吉継の指揮下にありながら戦闘に参加せず、戦況の状況を見ていた赤座直保、小川祐忠、朽木元綱、脇坂安治の四隊が大谷勢に向かって側面攻撃をしてきたのである。連鎖反応である。そこへ東軍の藤堂、京極の諸隊が参加してくる。大谷隊はなすすべもなく潰滅した。平塚為広も戸田重政も討死。大谷吉継も乱戦の中で自刃した。

大谷隊に続き小西隊も崩れはじめた。敵勢に家康本陣の一部も加わる。怖けづいた兵を抑えることは不可能であった。小西行長も伊吹山山中にと逃れた。

小西隊が崩れると宇喜多秀家軍も急速に戦意を喪失。宇喜多秀家も重臣明石全登《てるみず》の必死の諫めを受けて退却を決め、伊吹山へと落ちていった。島津義弘隊は相も変わらず戦闘に参加していない。

石田隊は孤立無援のなか最後まで勇猛果敢に死闘を演じていたが、家老蒲生郷舎も失い、先には島左近も亡くしてもう無理である。三成は数人の侍臣とともに伊吹山の方向へと逃げのびていった。丘の上から「また会おう。さらばじゃ」自軍の兵と関ヶ原に別れを告げて。夕陽に白馬の色はまぶしかった。未の刻（午後三時）の頃である。ここに西軍は敗走。わずか半日でこの大戦は終わっていた。

第五章　終　章

一、敗軍の将、その後

・石田三成

島左近、蒲生郷舎は戦塵に倒れた。平塚為広、戸田重政、大谷吉継も戦死。小西行長、宇喜多秀家、石田三成は背後の伊吹山へと逃れた。土地勘のある三成は笹尾山から春日村を経て伊吹山山中に逃れ、姉川の上流に出てその中腹の法華寺三樹院（三成の母の実家岩田家の菩提寺、古橋村）に身を寄せていたが、そこも人に知られ、やむなく寺を出た三成は近江の谷口村（滋賀県木之本町）から郷里古橋村の「オトチ岩窟」に一週間ほど隠れ、同村与次郎太夫という者が食物を運んでくれていたが、田中吉政の手の者に捕らえられた。九月二十一日のことである。その時の身形《みなり》は破れた衣をまとい、草刈鎌を腰にさし、破れ笠を顔にあて、きこりの姿であったという。

家康のいた大津城に送られたが、家康の家臣本多正純に「なぜ自刃もせずに捕まったのか」と問われ、「自刃をよしとするのは端武者(雑兵)のすること。大将は何とかして逃れて、重ねて戦を心がけるもの。武将の法をご存じないか」と答えたという。

源頼朝が旗上げの際の石橋山合戦で敗れ、大洞に身を潜めて再起した例を想い出しているのであろう。

十月一日、肩輿に乗せられ京の市中を引き回された三成が喉の渇きを訴えると、水の代わりに干し柿を与えられたが、「痰の毒になる」と断ったと伝えられている。最後の瞬間まで再起を志していたが武運は尽き、京の六条河原で、小西行長、安国寺恵瓊とともに斬首された。享年四十一であった。文吏として力量は存分にあったが、大将としての人望は薄かった。

・小西行長

小西行長は伊吹山の渓谷に逃れたが、春日村の里長に会った。

キリスト教信者である行長は自死もできないので、「家康のところへ連れて行ってほうびを貰うがよい」と淡々と言った。こうして領主の竹中重門を通じて家康に引き渡された。後、六条河原で石田三成、安国寺恵瓊とともに斬首されたは前述の通り。

・宇喜多秀家

宇喜多秀家は秀吉の養女（前田利家の娘豪姫）を妻に娶っている。備前、美作の国守直家二男。若くして宇喜多家を継ぐ。

秀家は西軍最大の兵力一万七千を率い、参戦した。

敗戦後、家臣の近藤三衛門正次とともに伊吹山山中に逃れ、北近江の一農家の牛小屋にかくまわれた。近藤は大坂へ行き、豪姫に会い、黄金二十五枚を手に入れた。秀家は翌年北近江を離れ、実母円融院お福の邸（堺）に隠れ住んだ。翌七年薩摩に船で潜入し休復と号して仏門に入った。藩主家久は黙認していたが、徳川家康の知るところとなり、家久は秀家に自首をすすめ、そこで駿府に呼び出され、慶長十一年（一六〇六）「鳥もかよわぬ」と言われた八丈島に流罪となった。秀家は息子二名を含め、十二人の家臣とともに八丈島大賀郷で暮らした。こうして流人となって五十年、男子も島の女性を娶り土地に根づいた。明暦元年（一六五五）好々爺となり、悠然と息を引き取ったという。八十五歳。関ヶ原敗軍の将としてはもっとも長生きした人であった。

・島津義弘

島津義弘の場合は伊吹山中に逃れようとしたが、逃走軍の群れに無理と考え、無謀にも目前の徳川本軍に向かって残る三百の軍勢をまとめ、敵勢中央突破作戦をはかった。徳川勢の……ひるむすきに鳥頭坂を越え、伊勢街道へ向かった。「死に兵じゃ。もう追うでない」と家康に言われて追撃を止めたが、追手の井伊直政は負傷した。義弘はわずか八十名になっていたが、近江水口、伊勢鈴鹿峠、伊賀上野、奈良、和泉平野《ひらの》を経て大坂まで逃げのび、そこから船を仕立て鹿児島へ帰ることができた。

・毛利秀元

毛利秀元は一戦も交えずに早々と戦場を離脱した。吉川広家が前線にあって毛利軍の動きを封じていたからである。

秀元は毛利元就の四男。主家毛利輝元の養子。輝元に実子秀就誕生のため別家を立てていたが、防長二国の国守である。関ヶ原戦時、毛利軍の副将。戦後、輝元の領地長門豊浦、厚狭の両郡内で三万六千石を与えられた。江戸で死亡、七十二歳。

・長束正家
長束正家は南宮山岡ヶ鼻に営していたが、後備にいたので戦況について十分に情報を得ることができず、恵瓊とともに敗報に接するや早々と同地を撤退した。吉川広家に牽制されていたので一兵も動かせなかったのである。潰走後、近江水口城へ帰城し籠城。池田輝政の弟長吉らが来攻すると抗戦を断念し開城を強いられ自刃。十月一日京三条橋で梟首された。

・安国寺恵瓊
恵瓊もまた一戦も交えず早々と戦場を離脱した。吉川広家が前線にあって、毛利軍の動きを封じていたからである。毛利秀元の場合と同様である。恵瓊は伊勢路から転々として山城国に入り大原に潜入、それから鞍馬の月照院に隠れていたが、本人が東福寺の住持をつとめていたこともあって東福寺に入ろうしたが捕らえられ、六条河原で斬首された。

天正元年（一五七三）、信長の死を予想し、秀吉については「さりとてハの者ニて候」とその器量を見抜いたことで有名である。人を見る眼識は確かであるが、戦況を見る目はまた違ったものなのであろうか。墓は京都建仁寺にある。

・長曽我部盛親

彼は戦後伊勢路へと走った。伊賀から大坂そして土佐へと落ちた。領国は没収された。関ヶ原戦後は家康に付こうと決意したが、この旨を告げるべく家康に密使を立たせた。途中、近江の水口で三成方の長束正家の設けた関所でひっかかり、使者は土佐へ帰っている。戦後領国土佐二十二万石は没収。

心ならずも西軍に参じ、心ならずも一戦も交えず、武将としての面目も保てなかった盛親としては不本意な結果であったろう。

その後、盛親は上洛。手習いの師匠をすること十四年、後、大坂の両陣に参戦して捕らえられ、六条河原で首を刎ねられた。

二、論功行賞

最後に「関ヶ原の戦い」における論功行賞について述べておきたい。

関ヶ原の戦いにおける論功行賞は十月十五日大坂城で行われた。徳川家康の独断場といえる。

ここでは単にその結果のみを列記することにしたい。

武士の最大の関心事はその領土の加減乗除である。「一生懸命」の「一生」は本来「一所」(ひとつところ)を指すが、「ひとつところ」とはこの土地を指す。封土の加増かあるいは没収、削減なのかである。その領土の加減乗除をあげておく。加増も削減も煩瑣を避けるために五万石以上のものとした。封土の旧のままに依るものは省いた。

（封土加増）

六五〇、〇〇〇　越前北庄　結城秀康

四二〇、〇〇〇　尾張清洲　松平忠吉

四二〇、〇〇〇　陸奥会津　蒲生秀行

三六八、〇〇〇　播磨姫路　池田輝政

三六〇、〇〇〇　加賀金沢　前田利長

三四三、〇〇〇　筑前福岡　黒田長政

三三〇、〇〇〇　出羽山形　最上義光

二九八、〇〇〇　安芸広島　福島正則

二七〇、〇〇〇　肥後熊本　加藤清正

二二五、〇〇〇　筑後久留米　田中吉政

一七八、〇〇〇　紀伊和歌山　浅野幸長

一五三、〇〇〇　備前岡山　小早川秀秋

一三九、〇〇〇　豊前小倉　細川忠興
一三四、〇〇〇　土佐浦戸　山内一豊
一二〇、〇〇〇　伊予今治　藤堂高虎
一一二、〇〇〇　讃岐高松　生駒一正
一一〇、〇〇〇　常陸水戸　武田信吉
一〇〇、〇〇〇　伊予松山　加藤嘉明
八八、〇〇〇　信濃上田　真田信幸
七〇、〇〇〇　出雲松江　堀尾忠氏
六〇、〇〇〇　近江佐和山　井伊直政
六〇、〇〇〇　陸奥盤城　鳥居忠政
五〇、〇〇〇　因幡鳥取　池田長吉

（封土削減）
九〇〇、〇〇〇　出羽米沢　上杉景勝

八三六、〇〇〇　長門萩　毛利秀就
三三九、〇〇〇　出羽秋田　佐竹義宣
一四〇、〇〇〇　常陸宍戸　秋田実季

（封土没収）

五七四、〇〇〇　備前岡山　宇喜多秀家
二二二、〇〇〇　土佐浦戸　長曽我部盛親
二〇五、〇〇〇　能登七尾　前田利政
二〇〇、〇〇〇　大和郡山　増田長盛
二〇〇、〇〇〇　因幡鳥取　宮部長熙
二〇〇、〇〇〇　肥後宇土　小西行長
一九四、〇〇〇　近江佐和山　石田三成
一三五、〇〇〇　美濃岐阜　織田秀信
一三二、〇〇〇　筑後柳川　立花宗茂

一三〇、〇〇〇	筑後久留米	毛利秀包
一二五、〇〇〇	加賀小松	丹羽長重
一〇〇、〇〇〇	陸奥盤城平	岩城貞隆
八〇、〇〇〇	越前北庄	青木一矩
七〇、〇〇〇	伊予今治	小川祐忠
六五、〇〇〇	豊後臼杵	太田一吉
六二、〇〇〇	若狭小浜	木下勝俊
六〇、〇〇〇	伊予大野	安国寺恵瓊
六〇、〇〇〇	豊前小倉	毛利勝信
六〇、〇〇〇	加賀大聖寺	山口宗永
六〇、〇〇〇	常陸下妻	多賀谷重綱
六〇、〇〇〇	常陸手越	相馬義胤
五〇、〇〇〇	越前大野	織田秀雄
五〇、〇〇〇	越前敦賀	大谷吉継

五〇、〇〇〇　近江水口　長束正家
五〇、〇〇〇　越前東郷　丹羽長昌

（以上）


最後に、この表の見方として一言添えたい。

結城秀康の六五万石とは関ヶ原の戦いに功労があったとして新たに六五万石が与えられたということ。それまでの秀康の所領は一〇万石であったから、封土は七五万石ということになる。東軍にとって関ヶ原の戦いにおける最大の功績者と認められたことになる。これは上杉景勝の本戦参戦（直接の参戦）を抑えたという功労であろう。秀康は家康の命により関東にあって上杉軍らの参戦を抑止していたのである。一戦もしていない。言うまでもなく、秀康は家康の二男である。

なお、この論功行賞の結果、五〇万石以上を所領とした大名は次の通りである。

前田利長	加賀金沢	一一九五〇〇〇
結城秀康	越前福井	七五一〇〇〇
伊達政宗	陸奥仙台	六〇五〇〇〇
島津忠恒	薩摩鹿児島	六〇五〇〇〇
蒲生秀行	陸奥会津	六〇〇〇〇〇
小早川秀秋	備前岡山	五七四〇〇〇
最上義光	出羽山形	五七〇〇〇〇
黒田長政	筑前福岡	五二三〇〇〇
松平忠吉	尾張清洲	五二〇〇〇〇
池田輝正	播磨姫路	五二〇〇〇〇
加藤清正	肥後熊本	五二〇〇〇〇
福島正則	安芸広島	五〇〇〇〇〇

資料編

○ 関係略年譜

慶長三年（一五九八）	七月十三日、	豊臣秀吉、五大老五奉行制を定める
	八月十八日、	豊臣秀吉、没す。六二歳。秀頼嗣ぐ
	八月二十五日、	家康及び利家、秀吉の喪に服して諸将の帰還を命ず
慶長四年（一五九九）	一月十日、	秀頼、秀吉の遺命により、伏見城より大坂城に移る
	一月十九日、	徳川家康と前田利家ら反家康派との間に紛争
	一月十九日、	家康、伊達政宗、蜂須賀家政らと婚姻の約束をする
	二月五日、	家康と前田利家、和睦す
	二月二十九日、	石田三成ら豊臣五奉行、家康を除かんと図る
	三月十一日、	家康、大坂に行き前田利家の病床を見舞う
	閏三月三日、	前田利家没す

	閏三月三日、加藤清正、黒田長政ら、石田三成を除かんとす この日、三成、大坂より伏見に逃れ、家康を頼る 九月九日、大野治長らによる家康暗殺計画おこる 九月二十六日、秀吉の後室杉原氏（高台院）、大坂城西の丸を出て京都に移る 九月二十八日、家康、大坂城西の丸に移る この冬、家康、加賀金沢の前田利長が異心あるを聞き、これを討たんとする。 利長、家老横山長知を遣わして弁明する
慶長五年（一六〇〇）	四月一日、家康、上杉景勝の非をさとし、速やかに入京することを勧める 四月十日、景勝、これを拒否する 五月三日、家康、上杉景勝の答書を見て怒り、諸大名に出征令を下す 六月二日、家康、大坂城西の丸に諸将を集め、会津征伐の軍議をひらく 六月十五日、秀頼、家康と会し、黄金二万両、米二万石を送る 六月十七日、家康、兵を率い、大坂を発し、山城伏見に入る 六月十七日、家康、伏見城の留守を鳥居元忠に守らせる

六月十八日、家康、伏見より東下する
六月十八日、家康、近江石部に泊まる　近江水口の長束正家、明日、城内に饗応せんことを申し入れる
家康、夜中、急に石部を出発する
七月二日、家康、江戸に入城する
七月二日、石田三成、佐和山城に大谷吉継と家康討伐を密議
七月十二日、大谷吉継、増田長盛、安国寺恵瓊、石田三成と近江佐和山城に会合し、安芸広島の毛利輝元を主将に迎え、家康を討つことを論議する
七月十二日、増田長盛、佐和山城の会合を家康に報告する
七月十三日、吉川広家、石田三成が大谷吉継らと上杉景勝との挟撃による家康攻略に反対し、毛利輝元の出陣を阻止せんとする
七月十五日、毛利輝元、石田三成の招きに応じ、大坂に着く
七月十七日、毛利輝元、大坂城西の丸に入る
七月十七日、豊臣の奉行長束正家、増田長盛、石田三成ら、家康の罪科十三カ条を挙げ、家康を討つことを諸大名に告げる

七月十七日、石田三成、会津征伐に従軍の諸大名の妻子を大坂城に人質にしようとする。
この日、細川忠興の妻ガラシャ夫人、これを拒み、死去す
七月十九日、石田三成、伏見城の明け渡しを要求する　留守居鳥居元忠これを拒否す
この日、三成らの諸将、伏見城攻撃をはじめる
七月二十四日、家康、下野小山に入る鳥居元忠の報告を受け、諸将を召集してその去就をただす
八月一日、西軍伏見城を攻略　鳥居元忠、松平家忠ら戦死す　伏見城落城
八月五日、東軍家康本隊、江戸に入る
八月十日、石田三成、大垣城に入る
八月十四日、東軍先遣隊、清洲城に入る
八月二十三日、黒田長政、池田輝政ら、美濃岐阜城を陥れる
八月二十四日、秀忠、下野宇都宮を発し、中山道より信濃に入る
九月一日、家康、江戸を出発し、西上する
九月二日、大谷吉継、脇坂安治ら三成の命により関ヶ原山中村に入る。

九月六日、秀忠、信濃上田城で真田昌幸の軍と戦い、美濃に向かう
九月七日、毛利秀元、吉川広家、三成の命により南宮山に着陣
九月十一日、家康、清洲城に入る
九月十四日、家康、美濃赤坂に着き、東軍の諸将と軍略を議す
九月十四日、小早川秀秋、松尾山に着陣
九月十四日、小早川秀秋、黒田長政らの勧めで東軍に心傾く　この日、家康の臣　井伊直政、本多忠勝、秀秋の重臣に誓書を与える
九月十四日、夜、西軍大垣城より関ヶ原へ移動する　東軍関ヶ原へ軍を向ける
九月十五日、東西両軍、遂に美濃関ヶ原に戦う　小早川秀秋、東軍に内応、大谷吉継の背後を襲う　これにより西軍大敗する
九月十五日、長束正家、安国寺恵瓊、長曽我部盛親ら、関ヶ原の敗戦を聞き、美濃南宮山の陣を退却す
九月十七日、家康、三成の近江佐和山城を攻める　佐和山城落城
九月十九日、竹中重門、小西行長を捕らえ、家康のもとに送る
九月二十日、秀忠、近江草津に着く、家康、秀忠の遅参を怒る

九月二十一日、田中吉政、石田三成を近江伊吹山に捕らえ、家康のもとに送る
九月二十二日、毛利輝元、大坂城西の丸を退く
九月二十三日、安国寺恵瓊、京都において捕らえられる
九月二十七日、家康父子、大坂城に入り、秀頼に会う
九月三十日、池田輝政、長束正家の水口城を攻略、正家自殺す
十月一日、家康、石田三成、小西行長、安国寺恵瓊を京都六条河原に斬り、三条橋にさらす
十月二日、家康、増田長盛の所領を没収し、高野山に追放する
十月十日、家康、毛利輝元の所領を削り、周防、長門の二国を与える
十月十五日、家康、大坂城で諸将の論功行賞をおこなう

○　参考文献

（主な参考文献）
『日本の歴史』（読売新聞社）一九五七
『徳川家康』　北島正元（中央公論社）一九六三
『日本の合戦』第五〜七巻（人物往来社）一九六五
『新書太閤記』㈠〜㈢、吉川英治（講談社）一九六七
『日本の歴史』（第十二巻　林屋辰三郎（中央公論社））一九六八
『日本の歴史物語』第九巻山田書院（一九六九）
『日本の歴史』（読売新聞社）一九七〇、
『日本の歴史』（第十三巻、辻　達也（中央公論社）一九七〇
『太閤記』　小瀬甫庵（新人物往来社）一九七一
『戦国大名』　小和田哲男（教育社）一九七八

『関ヶ原』（上・中・下） 司馬遼太郎（新潮社）一九七八
『小瀬甫庵太閤記』㈠～㈣吉田豊訳（教育社）一九七九
『真田軍記』井上靖（角川書店）一九七九
『関ヶ原生き残りの戦術』佐々克明（産業能率大学出版部）一九八二
『家康の経営手腕』佐々克明（産業能率大学出版部）一九八二
『徳川家臣団』綱淵謙錠（講談社）一九八三
『年表・日本歴史』第四巻（筑摩書房）一九八四
『徳川家康』山岡荘八（一九八七、講談社）
『武功夜話』㈠～㈣吉田蒼生雄訳（新人物往来社）一九八七
『日本大戦争』第一三～一六巻　原康史（東京スポーツ新聞社）一九八八
『下天は夢か』㈠～㈣津本陽一（日本経済新聞社）一九八九
『石田三成』徳永真一郎（ＰＨＰ研究所）一九八九
『戦国武将伝』白石一郎（文芸春秋）一九九〇
『関ヶ原合戦―家康の戦略と幕藩体制』笠谷和比古（講談社）一九九四

『戦国人名辞典』（新人物往来社）二〇〇〇
『関ヶ原合戦』　二木謙一　（中公新社）二〇〇一
『戦国志』　中野元（株式会社G・B）二〇〇三
『史伝』　前田利家　左方郁子（角川書店）二〇〇七
『石田三成』　相川司（新紀元社）二〇一〇
『関ヶ原』　岡田秀文　（双葉社）二〇一三
『関ヶ原合戦の真実』　白峰旬（宮帯出版社）二〇一四
『石田三成』　今井林太郎（吉川弘文館）二〇一六
『修羅走る 関ヶ原』　山本兼一　（集英社）二〇一六
『関ヶ原の合戦はなかった』　乃至政彦　（河出書房新社）二〇一八
『新視点関ヶ原合戦』　白峰旬　（平凡社）二〇一九
『徳川家康』　藤井譲治（吉川弘文館）二〇二〇
『関ヶ原合戦全史』　渡辺大門　（草思社）二〇二一
『関ヶ原への道』　水野伍貴　（東京堂出版）二〇二一

『豊臣五奉行と家康』渡辺大門　柏書房）二〇二二

（雑誌など）
別冊歴史読本　豊臣秀吉（一九七八 新人物往来社）
別冊歴史読本　前田利家（新人物往来社）二〇〇一
別冊歴史読本　前田一族（新人物往来社）二〇〇二
別冊歴史読本　戦国合戦五〇（新人物往来社）二〇〇三
歴史群像シリーズ　羽柴秀吉　（学習研究社）一九八七
歴史群像シリーズ　戦国合戦大全　上・下　（学習研究社）二〇〇二
歴史群像シリーズ　前田利家　（学習研究社）二〇〇二
歴史群像シリーズ　図説・戦国地図帳　（学習研究社）二〇〇三
日本の１００人　徳川家康（deagostini）二〇一一、一
日本の１００人　前田利家（deagostini）二〇一一、五
日本の１００人　黒田官兵衛（deagostini）二〇一一、六

日本の100人　石田三成（deagostini）二〇一三、四
日本の合戦　徳川家康・石田三成と関ヶ原の戦い(1)（二〇〇五、七、五）
日本の合戦　徳川家康・石田三成と関ヶ原の戦い(2)（二〇〇五、七、一二）

（史料など）
続群書類従（連歌部）
吉川家中井寺社文書
江系譜
明智軍記
秀吉事記
言経卿記
信長公記
浅野考譜
細川忠興年功記

総見院殿追善記
天正記
毛利家文書
当代記
大日本史料
吉川家文書
兼見卿記
板坂卜斎覚書
慶長年中卜斎記
小早川家文書
日本戦史
徳川実記
三河物語
関ヶ原始末記

あとがき

この書は筆者の興味をもつ戦国時代の「風塵」（兵乱）について書いたものであり、史実についてはその一線からできるだけ外れないように努めたつもりでいる。

しかし、戦事には謀議を伴う。極秘に行われるのである。機密の文書は痕跡を残さないためにも焼却されることが多い。ましてや音声は消えやすい。したがって口約束は生じてもその事実は消えている。だから史実を捉えることは非常にむずかしい。

何故に書くかはさておいて、何を書くか、どのように書くかはもの書きにとって永遠のテーマである。「関ヶ原」は私にとって大変大きな重いテーマであるが、書きたいものを書くというのはもの書きにとって本望であろう。

私は今、八十路の半ばを越える。日本戦国史の一大変革期である「関ヶ原の戦い」の実像に追ってみたいというのは私の若い頃からの夢であった。

ここに一念発起し、あれやこれやと思い巡らしながら筆を進めてきたわけであるが、とまれこうまれここまできた。もう矢は放たれたのである。あとは仕上げをごろうじろといきたいところであるが、さてこれはどうであろうか。気恥ずかしさは残る。

〈著者紹介〉

福地順一（ふくち　じゅんいち）

略歴 ―1936年青森県弘前市生まれ。
1959年弘前大学文理学部文学科（国文学）卒業。
東奥義塾高校（弘前）、函館中部高校、札幌南高校、函館東高校（校長）、札幌拓北高校（校長）など教員生活38年。
後、札幌予備学院講師（漢文）8年。
○日本ペンクラブ、日本歌曲振興会会員。

著書 ―『風塵記』（1997）、『ベーシック漢文』（1999）、『杜甫・李白・白楽天―その詩と生涯―』（2007）、『津軽・抄』（2007）、『石川啄木と北海道―その人生・文学・時代―』（2013）、『あきらめの旅にしあれば』（2017）、『風塵記・抄―本能寺から山崎、賤ヶ岳へ―』（2021）、『梁塵記』（2023）ほか。

賞 ―『豊談』230号記念エッセイ賞「天位」、第5回『文芸思潮』現代詩賞、第14回日本自費出版文化賞「詩歌部門賞」（『津軽・抄』）、第21回日本自費出版文化賞「大賞」（『石川啄木と北海道―その人生・文学・時代―』）、ほかに『日本ペンクラブ電子文芸館（詩歌部門）』に詩歌5編採録・掲載される。

戦国史記

風塵記・抄

―関ヶ原―

2024年4月6日初版第1刷発行
著　者　福地順一
発行者　百瀬精一
発行所　鳥影社 (choeisha.com)
〒160-0023 東京都新宿区西新宿3-5-12トーカン新宿7F
電話 03-5948-6470, FAX 0120-586-771
〒392-0012 長野県諏訪市四賀229-1（本社・編集室）
電話 0266-53-2903, FAX 0266-58-6771
印刷・製本　モリモト印刷

ISBN978-4-86782-085-8 C0021

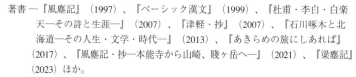